O PODER DO CARISMA

Frank Naumann

O PODER DO CARISMA

Como encantar as pessoas e
se destacar em qualquer ambiente

Tradução
Claudia Abeling

Brasil – 2021

Lafonte

Título original: *Die Kunst der Sympathie*
Copyright © Rowohlt Verlag GmbH, 2007
Copyright © Editora Lafonte Ltda., 2014

Todos os direitos reservados.
Nenhuma parte deste livro pode ser reproduzida sob quaisquer
meios existentes sem autorização por escrito dos editores.

Edição Brasileira

Direção Editorial *Sandro Aloísio*
Revisão *Ana Tereza Clemente*
Diagramação *Linea Editora Ltda.*

Capa *Aline Celegatto / Punto Agência de Marketing LTDA.*
Imagem *Freepik.com*

Dados Internacionais de Catalogação na Publicação (CIP)
(Câmara Brasileira do Livro, SP, Brasil)

Naumann, Frank
   O poder do carisma / Frank Naumann ; tradução Claudia Abeling. -- São Paulo : Lafonte, 2021.

   Título original: Die Kunst der Sympathie
   Bibliografia.
   ISBN 978-65-5870-107-1

   1. Simpatia I. Título.

21-67564   CDD-158.1

Índices para catálogo sistemático:

1. Simpatia : Psicologia aplicada   158.1

Cibele Maria Dias - Bibliotecária - CRB-8/9427

Editora Lafonte
Av. Profa Ida Kolb, 551, Casa Verde, CEP 02518-000, São Paulo-SP, Brasil – Tel.: (+55) 11 3855-2100
Atendimento ao leitor (+55) 11 3855-2216 / 11 3855-2213 – atendimento@editoralafonte.com.br
Venda de livros avulsos (+55) 11 3855-2216 – vendas@editoralafonte.com.br
Venda de livros no atacado (+55) 11 3855-2275 – atacado@escala.com.br

Impressão e Acabamento
Gráfica Oceano

Sumário

Introdução 9
   A influência do fator simpatia na felicidade 9
   Nenhum encontro dispensa o teste da simpatia 10
   Ser popular é algo do destino? 12

PASSO 1
Aprenda como nascem as simpatias e as antipatias 15

   Os três degraus do sucesso social 15
   O enigma da mesma sintonia 16
   O princípio do I-sharing 18
   Semelhança exterior, social e subjetiva 19
   O milagre dos neurônios-espelho 21
   O que importa é a paixão 22
   Os seis trunfos das pessoas simpáticas 23
   O drama da discórdia interior 28
   As cinco fontes da antipatia 30
   O papel da beleza e do prestígio 35
   Caçadores de simpatia e combatentes solitários 35

PASSO 2
Teste seu grau de simpatia 39

   Quais são seus pontos fortes e fracos no quesito simpatia? 39
   Teste: Qual seu grau de popularidade? 41
   Avaliação quantitativa 45
   Avaliação qualitativa 46
   Quanta simpatia há nos seus relacionamentos? 50

PASSO 3
Especialista, líder ou bom amigo — encontre o equilíbrio correto............ 53

Autoridade gera distância... 53
Simpatia é mais importante do que o conhecimento............................... 55
Três fontes para falta de popularidade na equipe..................................... 57
Sete freios de simpatia que são evitáveis... 58
Quatro tipos extremos de liderança... 62
Os cinco trunfos de líderes fortes 66
Três dicas adicionais para os especialistas... 69

PASSO 4
Tímido, determinado ou autoconfiante — supere as barreiras de contato.... 73

O que um ratinho tímido e um bode teimoso têm em comum 73
Timidez, fenômeno de massa 74
Desviar e provocar — dois círculos viciosos 75
Novos hábitos em vez de força de vontade 77
Cheque suas convicções... 79
Quinze exercícios para transformar-se num profissional na arte
    de estabelecer contatos... 81
Exercício extra: Nunca mais ser ignorado.. 86
Como superar barreiras de timidez com mais facilidade 87
Ampliar os contatos a partir de conversas informais 88

PASSO 5
Construa uma imagem de simpatia.. 91

Como formamos a imagem das outras pessoas.. 91
Comece com sua marca 93
Reconheça seus pontos fortes e fracos 94
Destaque suas três principais características 95
Determine seu tipo de simpatia... 98
Teste sua nova imagem de simpatia na prática 100

PASSO 6
Monte uma rede de simpatia 103

    Quantidade gera qualidade 103
    Descubra seus contatos preferenciais 104
    O mundo tem seis esquinas 106
    O teste "será que ele iria mesmo" 107
    Os três obstáculos do networking eficiente 108
    As melhores dicas de contato dos profissionais do networking 109
    Mais oportunidades na procura por contatos 111
    Como escolher os contatos certos 112
    Lembrar-se dos nomes — o método do diálogo 114
    Lembrar-se dos nomes — o método profissional 116
    Mantendo os contatos com facilidade 117

PASSO 7
Otimize sua linguagem corporal 121

    Semelhança é mais importante do que beleza 121
    Faça uso do efeito total 122
    Ser popular é uma questão de estilo 124
    Retidão — por causa da postura 126
    Um pequeno sorriso, um olhar claro 128
    O que torna um aperto de mão simpático 131
    Ao manter distância, aproxime-se 133
    Alto astral gera alto astral 134

PASSO 8
Mantenha uma conversa simpática 139

    Quando o cérebro dispara um alarme falso 140
    Não há uma segunda chance para a primeira impressão 140
    Por que argumentos são danosos à simpatia 142
    A arte das perguntas abertas 144
    Ouvir é bom, reescrever é melhor 146
    Por que perdemos as estribeiras 147
    O que importa é a maneira de brigar 149

Da briga destrutiva à discussão construtiva 150
Discutir e, ao mesmo tempo, ganhar simpatia 151
Sete frases mágicas que geram simpatia 153

PASSO 9
Supere os obstáculos que levam à simpatia 155

Um ringue chamado cotidiano 155
As cinco saias justas mais frequentes 156
Como sair das saias justas com elegância 158
O convívio com pessoas antipáticas 159

PASSO 10
Multiplique sua simpatia no dia a dia 169

Torne-se simpático em duas semanas 169

Bibliografia 175

Introdução

— Karin?
— Posso ajudar você, Peggy?
— Preciso escrever um nome em dinamarquês, *rød*. Preciso de um "o" cortado. Como eu faço isso?
— Sei lá. Pergunte para o nosso nerd em informática, o Walter.
— Melhor não, ele tem um jeito antipático. Prefiro procurar nos tópicos de "ajuda" do *Word*.

Você já teve uma conversa desse tipo? Nós pensamos muito bem antes de escolher a quem pedir ajuda. O que nos faz entrar em contato com uma pessoa, mas evitar outra? Você conseguiria definir de pronto, com uma frase, o que é simpatia?

Em geral, dizemos: "Quando o santo bate" ou "Quando há química". Mas isso são apenas descrições de uma percepção instintiva, cujos motivos não conseguimos descrever com precisão. Talvez Walter, o colega de Peggy, não seja muito disponível para ajudar. Mas é provável que Peggy hesite em chamá-lo porque, ao contrário, Walter aproveita todas as oportunidades para alardear a sua competência, dando aulas longuíssimas sobre as coisas. Talvez, porém, não existam quaisquer motivos palpáveis para a rejeição de Peggy. E se Peggy não os conhece, como o pobre Walter pode saber por que não desperta simpatia na colega?

A influência do fator simpatia na felicidade

Cada um de nós já passou por rejeições. Sem conseguir explicar os motivos. Isso pode acontecer em qualquer uma das áreas da nossa vida:

- *Círculo de amigos.* Você conhece pessoas que são menos espirituosas e sensíveis do que você, mas que recebem muito mais ligações e convites? Como alguns tolos e grosseiros conseguem juntar tanta gente legal à sua volta?

- *Profissão.* Algumas pessoas conseguem ficar com a primeira vaga a que se candidatam. Outras são esforçadas e altamente qualificadas e fazem muitas entrevistas, mas a empresa escolhe outro profissional, com qualidades medianas. Sua justificativa: "Ele combina melhor com a equipe".
- *Amor.* Certas pessoas não têm boa aparência, se vestem com desleixo e também não são muito brilhantes. Apesar disso, não precisam procurar pelo grande amor, porque estão sempre rodeadas de gente disponível. Outras se vestem com estilo, já leram meia dúzia de manuais de paquera, seguem todas as dicas ao pé da letra, mas não acertam uma. Assim que abordam alguém, são olhadas com desdém e colecionam um fora atrás do outro.

Você pode ser competente e dominar todas as regras de etiqueta, mas sem o fator S (de simpatia), nada disso adianta! Seja em uma paquera de férias ou no fechamento de um negócio, o fator S está presente sempre que as pessoas interagem. A boa notícia é que a partir de hoje você não precisa mais deixar seu efeito nas mãos do acaso. Você pode exercitar o fator S assim como exercita a gentileza, a oratória e outras habilidades sociais. Tudo o que você precisa saber a respeito está neste livro. Vamos começar pelo princípio — pelos primeiros segundos, que são determinantes em relação à simpatia e à antipatia.

Nenhum encontro dispensa o teste da simpatia

Quando pessoas estranhas se encontram, elas fazem um rápido teste de simpatia. Todos nós agimos assim e, em geral, nem percebemos. Nós nos testamos de maneira inconsciente. Você decide, num piscar de olhos, o quanto gosta dos estranhos que passa a conhecer. Você sabe de pronto quem lhe causa simpatia e parece confiável. E de quem preferiria manter distância. Em 2006, os pesquisadores norte-americanos Janine Willis e Alex Todorov, da Universidade Princeton, fizeram uma experiência e concluíram que esse processo de avaliação dura apenas um décimo de segundo. Um rápido olhar para uma foto era suficiente. E os participantes da experiência já sabiam se a pessoa retratada era atraente, simpática, confiável, competente ou agressiva — ou não. Um olhar mais demorado não mudava sua avaliação. Os participantes apenas ficavam cada vez mais seguros de que sua avaliação imediata, espontânea, estava correta.

O "x" da questão é o seguinte: não é apenas você que avalia desse modo. As pessoas ao seu redor fazem avaliações parecidas a seu respeito. Mas, mesmo se a primeira impressão não for boa, você pode continuar ganhando pontos positivos por causa de seu comportamento posterior. No final, você pode acabar se entendendo bem com algumas pessoas; com outras, infelizmente, não. Por sorte, em geral, a simpatia é recíproca. As pessoas das quais você gosta também gostam de você.

Às vezes, porém, a coisa dá errado. Uma pessoa importante, que precisa apoiá-lo, se nega a ser simpática com você. Isso é péssimo quando se trata do homem ou da mulher de seus sonhos. Ou do chefe do departamento de pessoal, que o convidou para a entrevista de emprego. Seus argumentos são precisos, suas referências são ótimas, mas se a química não funciona, o emprego de seus sonhos vai para outro. Não há nenhuma instância à qual você possa reclamar. Advogados e leis não funcionam contra a antipatia. Nesse campo não há justiça. Quem decide aqui é o inconsciente, a intuição. Você pode apenas torcer para achar uma ligação melhor com a próxima pessoa a quem você vai se dirigir. Ou descobrir um jeito de irradiar mais simpatia. Neste livro, apresentarei a você os melhores métodos nesse sentido. Você não precisa dominar ou empregar todos. Escolha aqueles que melhor combinam com você. Muitas vezes, apenas um é o suficiente para melhorar o sucesso social de modo duradouro.

Em primeiro lugar, gostaria de acabar com um mito que está firmemente enraizado em muitas cabeças. Ele diz que as pessoas são simpáticas por natureza — ou não. Como a simpatia tem relação com o inconsciente, mudanças conscientes não a afetariam. Errado! Desde que Freud, há mais de cem anos, publicou *A interpretação dos sonhos*, está claro que processos inconscientes podem se tornar conscientes e daí serem influenciados. Isso também vale para a simpatia. Poucas alterações na sua apresentação são suficientes, e as pessoas ao seu redor vão olhar para você com mais simpatia. Você já se esforçou, em vão, por fazer alguns contatos? Se você utilizar o que aprender neste livro, então poderá mudar o padrão. No futuro, as pessoas farão fila para receber sua atenção.

Quem não tem muita simpatia leva uma vida triste. Muitas vezes a culpa não é da pessoa. Katrin, uma colega de escola, era um caso assim. Ela não era chata nem feia. Apesar disso, não tinha amigos. As meninas riam dela, os meninos não lhe davam bola. Nas festinhas da classe, ela ficava de escanteio. Certamente ela tinha interesses e talentos como todos nós. Mas não os conhecíamos. Infelizmente, com o tempo, ela internalizou a rejeição de seu ambiente. E passou a reagir desconfiadamente com todos que se aproximavam para conversar. Isso apenas confirmava a opinião geral: ela é antipática!

Minhas notas no quesito simpatia também não eram das melhores durante a escola. Eu tinha acabado de me mudar de uma cidade a trezentos quilômetros de distância e falava com um sotaque do sul. Eu não era bom em educação física, apesar de me considerarem nerd porque passava muito tempo enfurnado nos livros. Mas você imagina que eu tive a ideia de me juntar à Katrin? De modo algum. Como todos, eu queria ser amigo daquelas pessoas que já eram populares. Precisei de anos e de um reencontro, durante uma reunião de ex-alunos, para chegar a uma avaliação justa.

Um daqueles que estava do lado popular era Hannes, de uma classe paralela. Ele irradiava algo tão afável, simpático, que era impossível não gostar dele. Quando ele abria a boca, confesso que raramente saía algo de inteligente. Mas todos ficavam encantados pela maneira com que ele falava suas banalidades. Era melhor você não copiar as lições de casa dele, caso quisesse uma nota boa. Mas quando Hannes se esquecia das suas, pelo menos cinco colegas lhe emprestavam o caderno. Certa vez nos encontramos para jogar futebol, mas Hannes disse: "Eu preferiria ir nadar". Imediatamente deixamos a bola para lá, e meia hora mais tarde estávamos juntos mergulhando num lago das proximidades.

Ser popular é algo do destino?

Nosso sentimento de autoestima mantém secretamente uma contabilidade. Toda vez que algo de favorável é dito a nosso respeito, ela infla. Nós nos sentimos bem e reconhecidos. Mas, ao contrário, se somos rejeitados — principalmente se a rejeição nos parece infundada —, nosso ego leva uma pancada. Aparecem as dúvidas: por que eu recebi essa rejeição? O que eu tenho de errado? Se a rejeição se limita a casos isolados, tentamos esquecer rapidamente o ocorrido. Mas, se os casos se repetem, a autoconfiança fica abalada.

Esse problema aumenta na nossa sociedade contemporânea. Contatos pessoais mais profundos se tornaram mais raros. Muitos contatos ocorrem apenas pela internet ou por meio de torpedos de celular. Por escrito, é fácil se disfarçar possuidor de uma personalidade agradável. Todos que já ficaram mais tempo num *site* de relacionamentos, procurando pelo grande amor, sabem disso. Todos lá se apresentam como pessoas legais. Por isso, o primeiro encontro pessoal muitas vezes é tão decepcionante. Sinais de simpatia requerem o olhar direto, cara a cara. Quanto menos contatos pessoais, menos nosso sentimento de autoestima é estimulado.

Segundo uma pesquisa de um instituto alemão que estuda o tempo livre, chamado BAT, 95% de todos os alemães consideram os amigos algo importante para suas vidas. Com esse porcentual, os amigos superam a família — que foi citada por 88% — em importância. O motivo não é difícil de ser detectado: é garantido que os amigos sejam simpáticos uns com os outros. Entre os membros de uma família, isso não é necessariamente o caso.

Os amigos não têm um papel importante somente na vida particular. Eles também são um fator decisivo na carreira. Dorothea Assig, consultora de executivos de ponta, confirmou: "A partir de um determinado nível, as vagas passam a ser preenchidas quase exclusivamente por contatos pessoais". Sem a simpatia das pessoas decisivas, nada acontece.

Bons amigos são tão valorizados porque são raros. Uma pesquisa da Universidade de Bielefeld constatou: quase 75% dos alemães consideram cada vez mais difícil encontrar amigos de verdade. Cresce o número de pessoas que não tem nenhum amigo íntimo. Outros reclamam que seus amigos têm pouco tempo para eles. Caso você sinta algo parecido, está bem acompanhado. As pessoas querem mais atenção, mais apoio de amigos e de colegas. Muitos olham com inveja para pessoas populares, que vão colecionando sucessos, aparentemente sem nenhum esforço, nas paqueras ou em entrevistas de empregos. Caso você seja acometido por dúvidas existenciais em relação a essas pessoas de sorte, neste livro você vai descobrir como alcançar um sucesso semelhante.

Simpatia não nasce da beleza nem da competência. Pessoas populares, habitualmente, não são mais bonitas ou mais inteligentes do que as outras. Elas também não são pessoas melhores! Pense em alguns heróis de filmes famosos. Alguns dos malvados mais terríveis da telona despertam simpatia e nos fascinam. Isso também acontece na vida real. Impostores, enganadores e alguns políticos belicosos só foram tão bem-sucedidos porque podiam se fiar na simpatia que geravam entre os cidadãos.

O quanto da simpatia está nos genes? Alguns parecem ter recebido a capacidade de ser simpáticos já no berço. Na pré-escola, todas as crianças queriam ser suas amigas. Mesmo assim, não há nenhum talento congênito em jogo. Trata-se de uma capacidade social aprendida, um conjunto de modos empáticos de comportamento interpessoal e que se mostra na habilidade de despertar confiança à primeira vista. Os maiores talentos nessa área conquistaram sua capacidade ainda nos primeiros anos de vida.

Quando somos crianças, conquistamos inteligência social de maneira despercebida, intuitivamente, sem lições sistemáticas. Isso quer dizer que os adultos perdem a chance? De modo algum. Eles podem recuperar o processo de aprendizagem sem problema. Entretanto, os adultos necessitam de lições sistemáticas.

Montei um plano desses para você, dividido em dez passos. Com ele, você terá vantagens em relação ao aprendizado intuitivo de uma criança. Você aprenderá conscientemente. Você vai aprender não apenas a capacidade de irradiar simpatia, mas também vai saber como e por que está agindo assim. Dessa maneira, será possível empregar sua simpatia de maneira dirigida e não deixar o acaso decidir com quem e de que modo você será popular.

PASSO 1
Aprenda como nascem as simpatias e as antipatias

Será que você alguma vez já se viu admirado pela quantidade de coisas que as pessoas fazem para ser reconhecidas pelos outros? Elas escalam montanhas geladas, atravessam o canal da Mancha a nado ou dão uma volta ao mundo de bicicleta. Outras investem milhares de dólares para alisar o rosto ou recauchutar o corpo numa sala de cirurgia. Dê uma espiada no livro *Guiness* dos recordes. Ele registra os campeões nos quesitos cuspir mais longe, engolir mais comida, beijar por mais tempo. Para eternizar o próprio nome como recordista mundial, uma pessoa pinta um quadro — tão grande que ninguém consegue enxergá-lo inteiro com uma só mirada. Outro entalha um retrato de mulher num grão de arroz e obriga o espectador a usar um microscópio para ajudá-lo a apreciar a obra de arte.

Será que essas pessoas são movidas por uma satisfação genuína ao fazer isso? É possível, mas por que eles não se dedicam às suas paixões em silêncio? O alpinista Reinhold Messner adora a paz de montanhas altíssimas — mas ele o faz à vista de todos, em livros, filmes e programas de auditório. Milhões sabem de seus dedos congelados, de seu irmão que morreu e de sua procura pelo Yeti. Um piloto de Fórmula 1, por sua vez, ama carros rápidos. Mas o que ele mais quer é ser um vencedor e um herói da mídia. Aquilo que as pessoas fazem para receber atenção é tão diverso quanto seus interesses. O que eles têm em comum é a vontade de ser admirados.

Os três degraus do sucesso social

O sucesso de seus esforços também é diverso. Simplificando um pouco, podemos distinguir três degraus:

Atenção. Monopolizar todos os olhares pelo menos durante alguns minutos é possível mesmo sem um talento especial. Basta ser o palhaço da classe. Ou provocar os pais e professores com roupas esquisitas e comportamento inadequado. Com um pouco de sorte, dá até para fazer uma aparição-relâmpago num programa de televisão, onde o candidato choca o público com afirmações esdrúxulas. E o DVD da apresentação pode ser mostrado durante anos aos amigos, com o "artista" se regalando nas lembranças de seu breve instante de fama.

Reconhecimento. Esse próximo degrau precisa de algum esforço para ser alcançado. Alguns têm a ajuda de um talento especial. Outros treinam durante anos para ser melhor do que os outros em alguma área. Na maioria dos casos, uma mistura de talento, tempo despendido e suor leva à conquista do objetivo. Mas um reconhecimento ilimitado é raro. A admiração pode vir junto com inveja ou rejeição pela maneira como o sucesso foi alcançado. Pense apenas em alguns políticos, executivos ou gente famosa e controversa, como a Mulher Melancia.

Popularidade. Ser admirado e, ao mesmo tempo, conquistar a simpatia dos outros. Isso é o máximo que o indivíduo pode alcançar. Uma pessoa que irradia simpatia conquista mais do que elogios por seu desempenho. Ela se torna um modelo de ser humano — e os outros querem copiá-la.

Os dois primeiros degraus — admiração e reconhecimento — deixam de ser tão importantes para quem é popular. Se recebo manifestações de simpatia das pessoas ao meu redor, por que teria de me esforçar ainda mais? Quem já possui uma quantidade grande de simpatia, não precisa mais provar nada a si mesmo. Essa pessoa já está sempre rodeada de gente que gosta dela.

Mas imagine um adolescente que sonha com o estrelato. Ele não espera apenas vender milhões de CDs e ter fãs alucinados. Ele também imagina o espanto de seus colegas de escola, que pensariam: "Por que fomos tão cegos? Sentamos todos os dias ao lado dele e não fazíamos a menor ideia de seu incrível talento. Oh, como estamos envergonhados por termos gozado tanto da cara dele!".

O reconhecimento público deve compensar a falta de popularidade no âmbito particular. Por essa razão é que encontramos na mídia tantas pessoas vaidosas, que em primeiro lugar querem passar a mensagem: "Eu sou importante! Me admirem!". Quem tem certeza de possuir a simpatia dos outros, não precisa participar desse circo.

O enigma da mesma sintonia

Curiosamente, o esforço pela simpatia faz com que muitas pessoas acabem com qualquer simpatia. Pois quem força a passagem muitas vezes pisa nos pés dos outros. Não gostamos disso. Nós impomos limites ao abusado. E ele se magoa. Afinal, ele só queria chamar atenção. Ele queria mostrar como era um sujeito bacana. Por que ninguém quer ouvir a sua mensagem?

O comportamento oposto também não ajuda. Quem se mantém em segundo plano, quieto e com discrição, não é visto. Ninguém pode achar você simpático se não o vê. A simpatia autêntica alcança dois objetivos: notar algo e manter esse algo na lembrança — embora ela não force a passagem nem se mantenha escondida no fundo.

Qual é a fórmula para isso? Até há pouco tempo, a ciência estava diante de um enigma. Lembro-me de uma palestra que ouvi quando estudante. O professor Günter Tembrock, um expoente da psicologia comportamental, falava sobre as bases herdadas do comportamento humano. A discussão que se seguiu abrangeu todo o campo de nosso comportamento, do sexo até a inteligência, passando pela competência. O professor não deixava nenhuma pergunta sem resposta. Mas, por fim, uma senhora quis saber sobre a biologia da simpatia. Essa foi a única pergunta diante da qual Tembrock capitulou: "Não sabemos quase nada a respeito. Assim como a senhora, percebo que há algo aí, algo que, apesar de todas as reflexões racionais, decide dentro de nós e em segundos sobre o que será aceito e o que será rejeitado. Mas eu não posso lhe dizer do que se trata. Não temos estudos a respeito".

Isso foi há mais de vinte anos. O desconhecimento de Tembrock me impressionou tanto que, desde então, coleciono tudo o que os pesquisadores e aqueles que trabalham com a prática descobriram sobre a simpatia. Até hoje, nem todas as perguntas estão esclarecidas. Neste livro, porém, mostro o que as pessoas simpáticas fazem de diferente das menos populares. Faz muito que foi provado que a simpatia oferece vantagens imbatíveis na vida. Quando achamos alguém simpático, vamos ajudá-lo a sair de seu constrangimento quando ele estiver metido numa situação penosa. É o que diz uma pesquisa que a revista *Apotheken Umschau* publicou em 2006. Mais de quatro quintos dos alemães — 83,2% — tentam apoiar pessoas simpáticas quando essas fazem alguma bobagem. O comportamento em relação às pessoas antipáticas é bem diferente. Nesse caso, 72,9% acham legítimo desdenhar delas e não se importar com seus insucessos.

Quem é popular pode concretizar muitos objetivos; outros, apesar de muito competentes, nunca conseguirão chegar nesse ponto. O simpático sai na frente em tudo, pois tem o apoio das outras pessoas. O que ele não sabe, seus amigos sabem e disponibilizam seu conhecimento de bom grado. Por essa razão, o simpático está a muitos passos — decisivos — à frente daquele que batalha sozinho na vida.

O princípio do I-sharing

Há 35 anos, o psicólogo social norte-americano Donn Byrne teve uma ideia genial. Ele pediu aos estudantes que preenchessem um questionário. Tratava-se de perguntas simples sobre o cotidiano, como: Você gosta de praticar esportes? Você gosta de música clássica? As crianças devem receber uma educação rígida ou mais liberal? Você acha que a guerra é um meio válido na política? (Era no tempo da guerra do Vietnã.)

Algumas semanas mais tarde, Byrne chamou os alunos para um segundo encontro. Ele distribuiu novamente o mesmo questionário, mas já preenchido anonimamente. A partir das respostas, os estudantes deviam fazer uma imagem da pessoa que tinha dado as respostas. Os resultados foram surpreendentes:

1. Embora os estudantes nunca tivessem visto as pessoas que responderam a esses questionários, eles diziam sem maiores hesitações quais delas eram simpáticas e quais, não.
2. Sua simpatia dependia apenas da concordância dos questionários com as próprias respostas, dadas às mesmas perguntas algumas semanas atrás. Quanto mais parecidas eram as opiniões dos estranhos com as próprias respostas, mais simpáticos eles eram considerados.

O que os estudantes não sabiam é que não havia entrevistados anônimos. Todos os questionários da segunda rodada haviam sido preenchidos por Donn Byrne ou por seus assistentes. Segundo uma tabulação prévia, os estudantes recebiam questionários que concordavam muito, medianamente ou pouco com suas próprias respostas. Por meio desse processo, Byrne conseguiu provar que o importante era apenas o fator semelhança e não as respostas "certas". Quem, por exemplo, rejeitava uma educação muito rígida para as crianças, não se tornava automaticamente mais popular porque tinha dado a resposta mais simpática. O decisivo era se o outro pensava como ele sobre essa questão.

Mais tarde, Byrne e outros pesquisadores repetiram a experiência com outros grupos profissionais, diferentes gerações e até culturas distintas. O resultado foi sempre o mesmo: quanto maior a semelhança, maior os graus de simpatia. Esse princípio recebeu o nome científico de "I-Sharing", que significa algo como "participar do Eu do outro", e funciona até no amor. Isso surpreende, porque é exatamente a diferença entre os gêneros que torna os homens e as mulheres atraentes uns aos outros. Muitas vezes, sentimos atração por uma pessoa diferente.

Por exemplo, Anja. Ela mantém tudo organizadíssimo e nunca se atrasou para nenhum compromisso. Ela está fascinada por Philipp, que vive um dia após o outro de maneira espontânea. Mas ela também segue o princípio da semelhança, pois avaliou o quesito espontaneidade de maneira positiva no questionário, embora — ou exatamente por isso — possua pouco desse item. Depois de alguns encontros com Philipp, entretanto, ela conhece o lado "B" do seu jeito de viver. Várias vezes ele a deixou esperando por mais de meia hora no restaurante. Uma noite, furou completamente. Os olhares consternados dos garçons, depois de uma hora sentada à mesa, ainda aguardando a chegada de Phillip, sem comer nada — nunca mais! Depois de quatro semanas, o grande amor tinha terminado.

Semelhança exterior, social e subjetiva

Os psicólogos Werner Langenthaler e Regina Maiworm organizaram uma experiência reveladora. Eles convidaram um grupo numeroso de homens e mulheres para uma reunião na universidade de Münster e pediram aos estudantes que adivinhassem quais desses homens e mulheres formavam casais. Para dificultar a tarefa, todos os homens e mulheres usavam blusões iguais. O índice de acerto dos estudantes foi maior do que aquele esperado por uma adivinhação ao acaso. Como assim? Eles simplesmente tinham juntado pessoas parecidas. Gordos com gordos, baixos com baixos, atraentes com atraentes. Isso quer dizer que eles partiram, intuitivamente, da suposição ingênua de que a semelhança exterior também quer dizer mesma sintonia. Em muitos casos, com razão.

Imagine-se salvando e imprimindo as fotos dos proprietários de dez sites pessoais quaisquer. Na sua próxima festa, você vai organizar o seguinte jogo com esse material: trata-se de perguntar aos seus convidados, quais pessoas retratadas são simpáticas e por quê. A primeira coisa que você vai notar é que todos estarão dispostos a dar imediatamente uma opinião. Sem o menor traço de insegurança. Sobre pessoas conhecidas única e exclusivamente por uma foto! Em seguida, preste atenção nos argumentos de seus convidados. Você vai ouvir frases como:

"O jeito de olhar desse cara, e que sobrancelhas! Eu não compraria nada dele."

"A boca dele é esquisita. Tem alguma coisa errada aí!"

"Puxa, como ele encara a câmera de maneira doce. Ele certamente não faz mal nem a uma mosca."

Tais afirmações comprovam duas coisas:

1. Avaliamos de maneira rápida e segura quem é simpático.
2. Mas não sabemos exatamente por quê. Nossas afirmações posteriores são vagas.

Os pesquisadores se interessam pelo grau de confiabilidade da primeira impressão. Eles compararam primeiras impressões com resultados de testes de personalidade que fizeram com as pessoas fotografadas e descobriram que a primeira impressão está correta em cerca de 70% dos casos. Muito mais do que se se tratasse somente de "chutes".

A maior parte das avaliações é feita de maneira inconsciente. Há um bom motivo para isso. No tempo dos caçadores e dos coletores, nossos antepassados tinham de avaliar, em frações de segundos, se um estranho surgido de repente tinha boas ou más intenções. Quem gastava mais de um quarto de segundo pensando podia ser atingido por uma lança. Só quem evitava essa tragédia sobrevivia — e se tornava um de nossos antepassados. Os outros morriam.

Elisabeth Pinel e seus colegas da Pennsylvania State University deram um passo a mais. Ao lado da semelhança exterior, ela destacou mais dois tipos de semelhanças:

1. *Semelhança social*: Duas pessoas têm a mesma origem social, vieram da mesma região ou detêm o mesmo grau de educação. Foi assim que Gerd conheceu Inês numa festa: os pais dela eram professores, como os dele. Ele vinha de Munique, ela de uma cidade próxima. Ambos estão na faculdade, ele estuda informática e ela, comunicação visual.
2. *Semelhança subjetiva*: Duas pessoas têm os mesmos gostos, opiniões e preferências. Ralf é de Dresden, Johanna é de Hamburgo. Quando começaram a conversar durante uma festa, no começo ela se assustou com o sotaque saxão dele. Mas logo percebeu que ambos gostavam dos mesmos humoristas, não perdiam nenhum episódio de *Grey's Anatomy* às terças-feiras e sonhavam em passar férias nas ilhas Seychelles.

Qual semelhança é decisiva para a simpatia? Os pesquisadores juntaram as pessoas do teste com outras que tinham semelhanças sociais ou subjetivas com elas. Resultado: aqueles que vivenciaram situações da mesma maneira se achavam mais simpáticos. A semelhança subjetiva é a chave da simpatia.

O milagre dos neurônios-espelho

Qual é a maneira mais segura de descobrir amigos potenciais em uma festa? Conte a piada preferida deles! Quem rir o mesmo tanto que você é seu semelhante subjetivo. Por trás disso, esconde-se um trabalho incrível do seu cérebro. Um breve encontro é suficiente, e ele reconhece quem está na mesma sintonia que você. Como isso é possível?

O segredo foi descoberto pelos italianos Vittorio Gallese e Giacomo Rizzolatti, dois cientistas da Universidade de Parma. Em 1996, Rizzolatti mediu as ondas cerebrais de macacos enquanto eles manipulavam objetos. Por acaso, ele descobriu que suas células nervosas já disparavam sinais quando o responsável pela experiência pegava os objetos, antes mesmo que os macacos pudessem fazê-lo. Isso foi uma surpresa. A partir da mera observação o cérebro já estava tão ativo quanto na ação real! Rizzolatti ampliou a experiência juntamente com o colega Gallese. Sua próxima descoberta: não era necessário usar brinquedos. Bastava o olhar de alguém da mesma raça. Quando um segundo macaco mexia as mãos, o cérebro do primeiro macaco reagia como se ele próprio estivesse mexendo as mãos. Isso se repetiu também com expressões faciais de ameaças, dor e muitos outros sinais.

Os pesquisadores acabaram encontrando, também entre os seres humanos, células nervosas especializadas, que agem em função do comportamento do outro da mesma maneira como agiriam em função do próprio agir. Rizzolatti e seus colegas chamaram essas células especiais de "neurônios-espelho". Elas refletem o comportamento dos outros. Já se sabe que elas estão presentes em todas as partes do cérebro e que são a base biológica da simpatia.

Você observa um estranho. Se o seu próprio cérebro arquivou os mesmos padrões de ação que você observou nele, seus neurônios-espelho reagem. Nessa hora, seu cérebro sabe: compreendo o que ele está fazendo. Ele responde com simpatia. Você pode sentir afinidade. Mas... e se o comportamento do outro lhe parece estranho? Nesse caso seus neurônios-espelho permanecem mudos. Nada de afinidade, nada de sintonia compartilhada e nada de simpatia. Graças aos neurônios-espelho descobrimos, de imediato, quem nos é simpático. Podemos compreender os sentimentos dos outros espontaneamente, sem ter de ficar refletindo muito sobre seus motivos. O cérebro reage de imediato, sem fazer o desvio que passa pela consciência.

O que importa é a paixão

O escritor austríaco Wolf Haas afirma: "Uma pessoa é simpática enquanto não sabemos muito sobre ela". O ator Sir Laurence Olivier chegou a dizer: "Depois de pensar um pouco, todos achamos os outros antipáticos". Será que a simpatia é algo superficial, que desaparece com uma observação mais acurada? Se sim, as grandes amizades seriam impossíveis. Apesar disso, as duas afirmações contêm uma observação inteligente: a simpatia nasce muito rapidamente, em fração de segundo, quando não sabemos nada sobre o outro.

A palavra "simpatia" vem do grego antigo. O prefixo "sim" significa em comum ou junto, a palavra "pathos" quer dizer compaixão, empatia. A simpatia quer dizer gostar de alguma coisa juntos. Interesses semelhantes não são suficientes. Os sentimentos é que são decisivos! Pessoas simpáticas sentem de um jeito parecido — e motivam umas às outras.

Na maioria dos casos, decidimos muito rapidamente quem nos é simpático. Graças aos nossos neurônios-espelho, podemos decifrar o humor e os sentimentos em menos de um segundo por meio da mímica e da linguagem corporal. (Veja no Passo 7.) Ainda antes de a primeira frase ter sido dita, já temos um veredito. Pensamentos, por sua vez, precisam da palavra falada. Eles exigem uma conversa mais longa. As avaliações rápidas de simpatia resultam que, muitas vezes, interpretamos informações posteriores de maneira a confirmar as primeiras intenções.

Transporte-se mentalmente à festa de aniversário de um amigo. Um dos convidados parece honesto e caloroso. Ele usa a mesma mímica que você e debocha das mesmas personalidades públicas que você também não suporta. Mais tarde, o dono da festa ainda diz a você que o homem já contava com duas condenações anteriores por ataques corporais. Será que sua primeira impressão vai mudar? Ou você vai dizer: aquele cara simpático? Certamente ele foi provocado.

Mais tarde, você começa a conversar perto do bufê com um sujeito que lhe dá uma impressão estranha. Cada vez que você o contradiz, ele muda imediatamente de opinião e passa a concordar com você. Qual é a intenção desse bajulador? Com uma desculpa qualquer, você sai dali e pergunta ao dono da festa quem é ele. Para a sua surpresa, você descobre que esse amigo do anfitrião é voluntário num programa assistencial. Por causa de sua primeira impressão, você se pergunta o que ele intenciona com essa atividade. Será que quer provar no trabalho que tem capacidade para assumir um cargo de chefia? Será que está almejando um cargo político? Ou será que ele descobriu assim uma maneira de driblar o imposto de renda?

Uma primeira impressão malsucedida é difícil de ser consertada. Por que um sujeito nos desperta imediatamente simpatia, enquanto seu vizinho, não? O segredo por trás da simpatia chama-se confiança. Será que ele realmente está sendo sincero sobre o que diz e faz, ou será que existem outros motivos ocultos? Preciso ficar alerta ou posso abrir meu coração de maneira irrestrita?

Como você sabe se um estranho merece sua confiança? Não adianta nada perguntar a ele: "Você está sendo sincero?". Seu interlocutor sempre vai responder: "Claro!". Por isso, você presta atenção em sinais confiáveis da linguagem corporal: sorrisos, contato visual, braços abertos, o tronco virado em sua direção e assim por diante. Podemos falsear alguns desses sinais. Seu interlocutor pode abrir os braços de maneira proposital, olhar profundamente em seus olhos e forçar um sorriso. Se você prestar bem atenção, vai notar que seus olhos não acompanham o sorriso. Isso seria um sinal de que a expressão amigável não passou de um faz de conta. No dia a dia, porém, não prestamos tanta atenção assim. Mas, então, como distinguir o autêntico do falso? Utilizamos uma regra instintiva, que diz: qualquer um pode falsear alguns sinais, mas nunca todos os sinais ao mesmo tempo.

Nós avaliamos a impressão geral. Se o restante da linguagem corporal combina com o sorriso, então a confiança está justificada. Mas caso existam contradições no comportamento como um todo, nossa desconfiança cresce. Por exemplo, quando os olhos sorriem, mas os pés ficam balançando, nervosos, para cima e para baixo. Ou seu namorado franze a testa, demonstrando dúvida, enquanto concorda com você. Ele não percebe as próprias contradições. Esses sinais se formam de maneira não intencional. O espectador também raramente consegue definir o que presenciou anteriormente, ele só percebe que algo está errado.

Não adianta querer expressar sinais de simpatia no rosto de maneira intencional. O perigo de nosso comportamento como um todo não combinar com isso é grande demais. Existe um caminho melhor: desperte em você sensações de simpatia, e sua mímica e suas expressões irradiarão simpatia.

Os seis trunfos das pessoas simpáticas

Peguemos o sorriso. Você pode treinar o quanto quiser diante do espelho, mas sua vontade poderá apenas erguer os cantos da sua boca. Os olhos vão continuar inertes. Num sorriso autêntico, os músculos ao redor dos olhos são repuxados, formando ruguinhas de expressão. Você não controla esses músculos voluntariamente. Entretanto, há um truque. Pense numa situação divertida, numa piada ou numa pessoa que o faz sorrir. O que a vontade não consegue, a lembrança faz sem esforço. Ela coloca um sorriso autêntico em seu rosto num passe de mágica.

Funciona da mesma maneira com a simpatia. Assim que você despertar dentro de si o sentimento que as pessoas ao seu redor são tão simpáticas quanto você mesmo, você passará a irradiar simpatia. Mas o que exatamente sentimos nessa hora? Vamos nos lembrar: a simpatia é uma invenção complexa, cujos componentes eram desconhecidos pela ciência até pouco tempo atrás. Até Elliot Aronson, psicólogo da University of California, em Santa Cruz, descobrir os seguintes fatores por meio de suas pesquisas:

Gostamos de pessoas que
1. São-nos próximas.
2. Têm opiniões parecidas com as nossas.
3. São parecidas conosco — tanto por características externas quanto pelo cerne da sua personalidade.
4. Satisfazem nossas necessidades e têm necessidades que conseguimos satisfazer.
5. Dispõem de capacidades e de competências que valorizamos.
6. Apresentam-se de maneira agradável, fazem coisas bonitas.
7. Gostam de nós.

Floyd L. Ruch e Philip G. Zimbardo, também da Califórnia, citam essa lista em seu manual sobre psicologia e concluem: gostamos de pessoas que nos trazem o máximo de satisfação com o mínimo de esforço. Alguns dos fatores pesquisados por Aronson — por exemplo, os de número 1 e 6 — precisam ser mais bem definidos. O que significa "ser próximas" e "apresentação agradável"? Inúmeros pesquisadores se ocuparam disso posteriormente. Se perguntarmos a amigos e conhecidos de pessoas muito populares a razão de eles gostarem tanto delas, podemos distinguir seis características básicas:

Calor emocional. Pessoas que descrevemos como calorosas e amáveis têm sentimentos positivos. Em primeiro lugar, elas irradiam confiança a todos os estranhos. Segundo suas experiências, quase todos têm boas intenções, mesmo se seu comportamento seja problemático. Nesse caso, elas se interessam pelos seus motivos, em vez de rejeitá-los de pronto.

Richard Wiseman, da Universidade de Herfordshire, conseguiu provar isso em 2005. Ele pediu a voluntários que respondessem a uma série de perguntas, tais como "Você toca nas pessoas enquanto fala com elas?" ou "Você gosta de estar no centro das atenções?". Ao mesmo tempo, um júri devia avaliar o seu jeito. Foi possível destacar uma tendência muito clara a partir daí: quanto melhor os voluntários conseguiam deixar os outros participarem de seus sentimentos, mais positivo era seu efeito nas pessoas ao seu redor.

Por outro lado, o que gera antipatia é:

- *Não tomar partido.* Quem analisa as pessoas com o olhar frio de um cirurgião talvez possa ser admirado — ou temido — pela agudeza de seu espírito. A faísca da simpatia não encontrará seu combustível.
- *Crítica.* Quem *a priori* avalia as pessoas de maneira crítica está impregnado de sentimentos negativos. Indiretamente, esse indivíduo está dizendo: "Há mais coisas que nos separam do que nos unem". Sem uma boa sintonia não é possível haver simpatia.

Objetividade. Quem se sente com raiva e ofendido tende a apresentar argumentos pouco práticos. É possível reconhecê-los em generalizações exageradas. O marido, por exemplo, prometeu levar o lixo para fora, mas na pressa se esqueceu. Isso já tinha se repetido na semana anterior. A mulher diz, brava: "Típico. Você nunca cumpre o combinado". E quando ele quer se defender das generalizações, ela dispara: "E onde estão as batatas que você ficou de comprar? Você não quer assumir as tarefas da casa! Você é preguiçoso!".

Algumas experiências negativas são suficientes. O outro logo é julgado a torto e a direito. Pessoas objetivas evitam esses casos. Eles não se esquecem dos muitos dias que as promessas foram, sim, cumpridas.

Capacidade de lidar com conflitos. Apesar disso, as pessoas populares não varrem os problemas para debaixo do tapete. Elas não ficam se autoelogiando o tempo todo. Elas não sufocam as diferenças num mar açucarado de harmonia artificial. Harmonia explícita é irreal e, por essa razão, tão suspeita quanto uma inimizade aberta. Mas elas aceitam que pessoas distintas tenham opiniões distintas.

Quem acha que só há uma opinião aceitável numa discussão, acaba muito rapidamente confrontado com a pergunta: "Quem tem razão?". Ambos pensam: "Eu tenho razão e, se você concordar rapidamente, vou achá-lo simpático". Qual o resultado disso? Os dois estão presos a seus pontos de vista e se irritam com a irredutibilidade um do outro.

Pessoas que discutem de maneira construtiva encaram o conflito de maneira diferente. Elas pensam: "Ficaremos as duas presas a nossas opiniões, já que temos experiências diferentes. Ambas podemos apresentar argumentos para nossos pontos de vista. É melhor conversarmos a respeito para chegarmos a uma solução comum e prática".

Dessa maneira, elas acabam encontrando pontos convergentes onde, à primeira vista, havia apenas discordâncias.

Empatia. Você consegue se colocar no lugar do outro? Você consegue perceber, a partir de suas palavras, como ele está se sentindo naquele momento? A capacidade decisiva aqui é observar sem ideias preconcebidas. Dois tipos de pré-julgamento — informações que possuímos de antemão — atrapalham esse ouvir isento:

- Sua opinião sobre o tema influencia seu julgamento sobre o interlocutor. Vamos imaginar que ele esteja falando sobre os efeitos de sua recente separação sobre os filhos. As palavras dele serão entendidas de maneira diferente, dependendo se você é filho de pais separados, homem ou mulher com experiência em separação. É difícil deixar a própria opinião de lado, num primeiro momento, e se concentrar unicamente na preocupação do outro pelo seu relacionamento futuro com os filhos.
- Experiências anteriores com o interlocutor — aquilo que você já sabe sobre o seu caráter — influenciam no modo como você ouvirá suas palavras. Se ele diz: "As intenções do meu chefe são simplesmente uma maldade", você poderia pensar em diferentes coisas. Tratando-se de um indivíduo depressivo: "Ele não para de se lamentar". Tratando-se de um colérico, que rapidamente perde as estribeiras: "Ele fica louco com qualquer coisinha". E no caso de alguém medroso: "Com um chefe assim, eu já teria me demitido há muito tempo".

Empatia significa evitar tais julgamentos. Em vez disso, você participa dos sentimentos do outro. Você consegue fazer isso ao manter as próprias emoções no presente, anulando as ofensas do passado. Assim nasce a empatia, a base emocional da simpatia.

Proximidade com espaço. A empatia gera proximidade emocional. O que torna a convivência com pessoas simpáticas tão agradável? Elas tentam compreender os sentimentos do outro, mas não querem dominá-lo. Elas prezam uma distância confortável. Mas quem quer ditar aos outros quais são os sentimentos "verdadeiros", torna-se antipático. Exemplos:

"Você acabou de perder o emprego e quer se divertir à noite?"
"Uma menina comportada sempre fica feliz ao ganhar um presente."
"Quem pensa desse jeito devia ser proibido de participar da discussão."

Pessoas populares usam as palavras "dever", "precisar", "não poder" de maneira muito econômica. Você sabe que quem exerce pressão moral só gera resistência. Essas pessoas não tentam proibir sentimentos desagradáveis nem forçar um clima favorável.

Podemos proibir ou permitir ações, mas não sentimentos. Eles podem ser indesejados, mas continuamos a senti-los. Os sentimentos são livres. Você consegue entender que a mulher às vezes odeia a pessoa que ama? Ou que alguém enlutado também pode sentir uma alegria secreta pelo outro ter morrido e ele ter sobrevivido? Se você se mantiver fiel a si próprio nesses momentos, seu laço de simpatia será reforçado.

Segurança. Pessoas populares são previsíveis. Sempre saberemos qual será sua reação. Por isso, torna-se fácil confiar nelas. Com elas, você está a salvo de surpresas desagradáveis. Pensamento, palavra e ação formam uma unidade. Essa concordância de ação interior e comportamento exterior está tão impregnada em sua carne e em seu sangue que ela se torna reconhecível à primeira vista. Elas não têm nada a esconder. Ao contrário, os freios de simpatia são:

- Pensar uma coisa, fazer outra.
- Falar uma coisa, fazer outra.
- Constante autovigilância: passo uma imagem melhor do que sou?
- Desempenhar um papel meticulosamente planejado com antecedência.
- Mudança de humor súbita, sem qualquer motivo aparente.
- Reagir de modos distintos frente às mesmas situações e pessoas.

Ser previsível não é igual à monotonia. Pessoas caóticas também podem despertar simpatia, desde que não tentem ocultar seu traço característico e deixem os outros saberem como costumam ser: "Não se surpreenda, a Rosie sempre chega pelo menos com meia hora de atraso. Você vai ver, ela ficará um tempão pedindo desculpas". Se ela realmente chegar ao encontro uma hora depois, gesticulando muito e contando uma história cabeluda de acidentes e congestionamentos pela cidade, seus amigos vão trocar uma piscadela, pensando: Rosie e suas histórias de horror! Eles também atravessaram a cidade e chegaram pontualmente à reunião.

O drama da discórdia interior

Pessoas simpáticas não são perfeccionistas. Ao contrário — o fato de elas reconhecerem suas fraquezas as torna queridas. O que são pontos fracos e pontos fortes? Isso depende do ponto de vista. A vida de Rosie é um caos completo. Seus pontos fortes são a espontaneidade, a generosidade, a alegria de viver e seu jeito não convencional. Seus pontos fracos são sua falta de pontualidade e sua inconfiabilidade. A amiga Karin, por sua vez, é um exemplo de organização. Ela mantém o combinado e cumpre todos os horários. Ao contrário de Rosie, ela sempre é confiável. Entretanto, ela também é pedante, não muito tolerante e pouco adaptável.

Pessoas com um perfil claramente definido despertam simpatia com facilidade. Estilos contraditórios têm mais dificuldades. Quem une lados diferentes dentro de si parece "interessante", mas gera insegurança. Por exemplo, Robert. Ele aproveita todas as oportunidades para reforçar seu respeito frente ao conhecimento e à experiência de seu chefe. Mas quando esse lhe passa uma tarefa, Robert não se comporta dessa maneira. Ele não cumpre as tarefas da maneira devida. Muitas vezes, alguém tem de sair corrigindo o que ele fez por conta própria. Isso gera atritos não somente em seu departamento. Os colegas se perguntam: será que Robert não se dá somente com esse chefe? Ou será que sua veia criativa é tão forte assim? Será que há uma rebeldia oculta nele? Será que lhe falta autodisciplina? Será que está insatisfeito com o trabalho e quer provocar a demissão, para não ter de pedi-la?

Personalidades contraditórias estão no centro de romances, filmes e peças de teatro. Os autores dominam a arte de ressaltar seus motivos e despertar, ao longo da ação, simpatia por suas personalidades difíceis. Um das mais famosas nesse sentido é o príncipe dinamarquês Hamlet, da peça homônima da Shakespeare. O espírito do pai passa ao príncipe a incumbência de matar seu assassino e atual governante. Mas ele hesita em executar a ação. Na vida normal, um sujeito indeciso como Hamlet iria nos irritar. Com sua oscilação entre vingança e perdão,

Hamlet alcançou exatamente aquilo que queria evitar. Ele deu início a uma orgia sangrenta, que no final vitimou sua família, sua noiva e seu melhor amigo. O que você acharia de alguém que, em vez de dizer claramente o que sente, faz com que um grupo de teatro mambembe, itinerante, apresente suas queixas na forma de uma peça? Você não diria umas verdades a um amigo que lança mão desses subterfúgios? Graças a Shakespeare, podemos imaginar como Hamlet se sentia. E compreendemos por que muitas vezes também temos dificuldade em tomar uma decisão clara.

No nosso dia a dia, não há nenhum Shakespeare acompanhando as pessoas contraditórias. Por essa razão, elas têm dificuldade em despertar confiança e de serem benquistas. Pense nisso: se você tivesse de trabalhar junto com um colega como Robert, logo haveria problemas. O chefe poderia lhe pedir que você ficasse de olho nele, para evitar confusões no projeto seguinte. Mas você não quer ficar controlando nem espionando ninguém. Ou você precisa ficar o tempo todo consertando aquilo que Robert bagunçou. E não podemos nos esquecer da irritação que causa o fato de Robert sempre acabar se safando. No lugar dele, qualquer outro — inclusive você — acabaria sendo advertido.

Mas e se você mesmo não está envolvido? Você provavelmente não morre de amores pelas pessoas de personalidades complicadas. No caso das pessoas com um perfil claro, você sabe de pronto onde está pisando. No caso das outras, primeiro é preciso investigar o terreno. O esforço pode ser bastante recompensador, mas custa pontos na escala de simpatia. Pois enquanto você não souber exatamente qual o apito seu interlocutor toca, você também não sabe como se comportar. Por exemplo, no caso de ter de pedir a uma colega para ajudá-lo, Robert seria sua primeira opção? Robert, aquele que mais atrapalha do que ajuda, e que no fim ainda espera por um agradecimento?

Para Robert, o próprio comportamento parece ser absolutamente adequado. Talvez ele acredite que saiba melhor do que o chefe como realizar o trabalho. Ele não consegue imaginar que outras pessoas tenham expectativas diferentes das suas. Embora sinta que esteja perdendo simpatia, ele não consegue explicar o motivo.

O seguinte teste foi repetido em muitos estudos: os pesquisadores juntam dois estranhos por menos de um minuto. Em seguida, pedem em separado aos dois que digam sua opinião sobre o outro. Embora ambos só tivessem trocado poucas frases sem maior importância, acabam avaliando de maneira segura o caráter, o *status* social, a inteligência, a confiabilidade moral do outro, bem como coisas específicas como a orientação política, a fidelidade conjugal ou a orientação sexual. Como ninguém havia passado previamente aos participantes essas informações, eles só poderiam tê-las extraído da aparência, da atitude, da voz e do vocabulário durante os cumprimentos. Poucos elementos externos deram origem a muitos valores internos.

Isso funciona apenas se temos a expectativa de que uma pessoa é "coerente" consigo mesma. Uma determinada apresentação exige uma convicção interna adequada. Se a apresentação é bem-sucedida no primeiro segundo, a avaliação sobre as características invisíveis torna-se fácil. Isso gera simpatia.

Mas basta que somente um detalhe não bata com a imagem geral para inviabilizar essa avaliação rápida. De um lado, é assim. Do outro, é assado. Em que se fiar? Num instante, o bônus de simpatia foi consumido. A primeira impressão só é absolutamente positiva se dez detalhes reconhecidos forem coerentes entre si. Caso somente um não se encaixe — mesmo se os outros nove continuem coerentes —, você se torna cuidadoso. Em vez de expressar simpatia, você vai aguardar ou se dirigir a pessoas que lhe passem sinais mais inequívocos.

As cinco fontes da antipatia

O que faz com que determinadas pessoas sintam uma antipatia mútua instantânea? É evidente que se um estranho mexe com você ou sopra um bafo de cerveja no seu rosto, você vai achá-lo insuportável. Na maioria dos casos, porém, os motivos não são tão claros. Seu interlocutor se comporta, a princípio, de maneira correta, mas mesmo assim você não quer encontrá-lo uma segunda vez. Como nasce a antipatia?

Às vezes, a pessoa lembra a você alguém que lhe trouxe experiências desagradáveis. Você não precisa estar consciente dessa associação, sentindo apenas uma repulsa inconsciente. Velhos medos e decepções voltam à tona. O encontro torna-se então uma vivência emocional desagradável. Nesse caso, somente você sente a rejeição. Todos os outros ao seu redor podem gostar da pessoa em questão.

Mas se os outros dividem sua opinião, os motivos provavelmente estão na própria pessoa, que emite sinais sutis que despertam antipatia. "Antipatia" significa, literalmente, "antipaixão". Isso pode ter dois significados:

- Ambos nutrem sentimentos contraditórios. Você se sente bem na festa, enquanto seu interlocutor está deslocado. Ou ao contrário, todos estão conversando animadamente, só você não conhece ninguém e está sentado num canto. Sua raiva cresce. Se alguém passar nessa hora e levantar um brinde a você com

a frase "A festa não está mesmo maravilhosa?", você se sente péssimo. Você vai pensar que a pessoa que disse isso está gozando da sua cara e portanto recebe sua imediata antipatia.
- Um sente uma paixão, o outro não. Um está animado ou triste, o outro não sente nada. Duas pessoas enlutadas rapidamente se simpatizam na dor comum. Se duas pessoas dividem a mesma animação por um hobby, elas também logo se tornarão amigas. Mas se algo toca profundamente alguém e o outro se sente indiferente, as consequências são incompreensão e antipatia.

Do mesmo modo como pessoas populares têm seis características coerentes, pessoas não populares também têm algo em comum. Habitualmente, elas não fazem a mínima ideia por que são rejeitadas, senão tomariam alguma atitude em relação a isso. Os comportamentos típicos são os seguintes:

Reserva. Você quer conhecer melhor seu vizinho de assento no avião, mas ele inviabiliza suas tentativas de iniciar uma conversa com respostas monossilábicas e silêncio. Qual seria a causa, em sua opinião?

- Ele não é interessante. Não fala nada de si mesmo porque não tem nada sobre o que falar.
- Ele não me acha interessante.
- Ele teve um dia ruim e está descarregando seu mau humor sobre mim.
- Ele tem um jeito antipático. Eu o irrito.
- Ele me acha antipático.
- Ele tem algo a esconder.
- Ele não gosta de outras pessoas.

Nenhuma dessas explicações soa simpática. Pior ainda, o indivíduo não lhe dá pista que as justifiquem. Você não tem chance de rebater as objeções dele. A isso se junta a raiva que você sente pelo desdém com que sua oferta de conversa foi recebida. Mas você se sente rejeitado mesmo se a reserva não lhe foi dirigida pessoalmente. Por isso, você também começa instintivamente a rejeitar essa pessoa.

Desconfiança. As crianças se dirigem a todos com uma confiança irrestrita. Isso acaba mudando apenas com mais experiência de vida. Uns conservam seu temperamento aberto, crédulo. Outros passam a desconfiar de todos — ou, pelo menos, de determinados grupos de pessoas. Pesquisas mostram que médicos e sacerdotes gozam de maior confiança do que corretores de imóveis ou comerciantes de carros usados. Alguns alemães desconfiam de todos os estrangeiros, alguns motoristas de todo os ciclistas, algumas mulheres de todos os homens.

Em muitos casos, o desconfiado realmente passou por experiências ruins. Para evitar decepções futuras, ele se torna cuidadoso. Quem acaba perdendo a capacidade de lidar com o restante das pessoas com confiança, prejudica em primeira instância a si mesmo. Ele perde em simpatia. Caso você seja o atingido, vai se sentir injustamente alvo da desconfiança. Por que você precisa ser o bode expiatório? Você interpreta a desconfiança de seu interlocutor não como cuidado louvável, mas como uma acusação grave. E pensa: quem acha que sou capaz de tanta maldade, deve esconder o mesmo em seu interior!

Pessoas simpáticas parecem confiáveis. Elas lidam com estranhos sem desconfiança. Será que por isso são usadas com facilidade? De modo algum. Se o outro não justifica o adiantamento de confiança, elas sempre podem puxar o freio de mão. Elas erguem, espantadas, a sobrancelha e dizem: "Você me decepcionou. Não teria imaginado isso de você". Mas quem pensa de antemão: "Eu desconfio de você até que prove o contrário", não está se ajudando.

Falta de distância. Amizade e amor não nascem de pronto. Proximidade e intimidade necessitam tempo. Mesmo quem é flechado pelo Cupido não sai pulando na cama junto com o outro no minuto seguinte. Ao contrário, as pessoas sorriem uma à outra, batem papo sobre o tempo, o trabalho e o lazer, marcam um encontro e vão jantar num lugar bacana. Somente depois disso é que estarão dispostas a fazer cair a última barreira entre elas.

Quem pula os rituais de aproximação, quem quer ser o melhor amigo do outro no primeiro segundo, torna-se rapidamente antipático. Essa pessoa não mostra respeito pelos sentimentos do outro. Ela nega ao outro o direito de determinar, em conjunto, o grau e a velocidade da aproximação. Comportamentos típicos nesse sentido são:

- A pessoa fica na sua cola, de maneira desagradável. Se você a afasta, ela volta a colar.

- Ela chama todo mundo com muita informalidade, mesmo onde todos se tratam de maneira mais formal.
- Ela faz perguntas íntimas e constrangedoras, para receber afirmações picantes. Se você se recusa a respondê-las, ela continuará insistindo.
- Ela conta detalhes íntimos e constrangedores a respeito de si mesma e de terceiros (que estão presentes).
- Ela tem uma conversa que se restringe basicamente a fofocas sobre conhecidos em comum.

Mania de contradizer. Quando duas pessoas são apresentadas, elas começam a se conhecer com um bate-papo descontraído. Elas usam temas banais para encontrar uma sintonia comum. Isso seria um sinal de superficialidade? De modo algum. Quem começa falando sobre a chuva torrencial ou sobre os constantes atrasos do metrô, não corre perigo de se meter logo numa confusão com o desconhecido. Visto que você não sabe nada sobre a opinião política do outro ou sobre seu gosto por arte, você vai evitar tais temas controversos. Você vai aguardar até que o bate-papo ofereça pistas que indiquem pontos de vista comuns. Caso seu interlocutor disser, por exemplo, que ainda não conseguiu visitar a grande exposição dos expressionistas que está sendo exibida na sua cidade, você vai induzir que ele se interessa por esse tipo de arte. Cinco minutos mais tarde, ambos estão imersos numa animada conversa sobre cultura. Mas se, ao contrário, você não dá a mínima para quadros, você não vai reagir à dica do outro e continuará falando sobre o tempo. Esse é um tema que não exclui ninguém, não exige conhecimentos técnicos, não ofende ninguém e que pode ser encerrado a qualquer momento.

Não são todos que dominam a arte de bater papo. Alguns vão logo metendo os pés pelas mãos. Eles iniciam a conversa com frases como:

- O quadro dos nossos anfitriões, pendurado sobre o sofá... não é horrível?
- A festa está bem simpática, mas que música! Eu bem que queria ter trazido meus CDs.
- Se minha mãe tivesse morrido há quatro semanas, eu não teria organizado nenhuma festa de aniversário.
- Você também está indignado pelo fato de a prefeitura querer fechar o playground? Você já está participando do nosso abaixo-assinado?

A simpatia nasce quando as pessoas encontram algo que as une. É o que indica o prefixo "sim-" (junto). Quem abre a conversa com um tema controverso — com uma afirmação negativa ou controversa — procura o confronto e gera antipatia. Com o prefixo "anti-" (contra) já indica. Mas se uma diferença de opiniões acaba aparecendo, quem tem experiência em conversas informais evita desenvolvê-la até seu amargo final. Em vez disso, ele parte para um tema inofensivo.

Egocentrismo. Uma anedota conhecida vai ao ponto. Um fã encontra seu ídolo, um ator conhecido. Excitado, ele faz dezenas de perguntas. Depois de meia hora, o ator diz: "Ficamos falando de mim o tempo todo. Agora vamos falar de você. O que você achou do meu último filme?".

Uma conversa com alguém famoso, cujo único tema é a pessoa, pode se tornar uma amarga decepção. Ao ouvir as confissões de meu interlocutor, espero intuitivamente que ele, em contrapartida, também se interesse pela minha vida. Mesmo — ou exatamente por isso — se ele for alguém muito famoso e eu apenas um fã desconhecido. Simpatia nasce entre iguais. Dar e receber estão equilibrados. Quem estraga esse equilíbrio, confessa ter, secretamente, uma autoestima abalada. A pessoa está procurando por mais reconhecimento e, por esse motivo, coloca seu ego no centro. Isso pode acontecer de duas maneiras opostas:

- *Exibicionismo*. São principalmente os homens que gostam de se exibir diante de rivais e das mulheres com seus atos heroicos. As mulheres tendem a formas indiretas de autoamplificação, por exemplo, ao desdenhar das rivais e organizar encenações complicadas.
- *Acusações verbais*. Aqui entram variações da queixa "Ninguém me ama". O eu também está no centro:
"Sempre conheço os homens errados."
"Eu sempre me esforço tanto, mas ninguém agradece."
"Não sei por que justo eu tenho tanto azar, por que ninguém gosta de mim."

Pessoas simpáticas tem um ego pequeno. Elas também falam sobre si mesmas quando são perguntadas. Fora isso, consideram outras coisas mais interessantes. Como já recebem muita atenção, não sentem necessidade de angariar mais reconhecimento.

O papel da beleza e do prestígio

Boa aparência, poder, riqueza e prestígio social também influenciam os graus de simpatia. Mas não necessariamente na direção pretendida. Embora se saiba que pessoas bonitas chamem mais atenção — o chamado bônus da atratividade —, a beleza só eleva o grau de simpatia se o restante do comportamento combinar com ela. Vamos nos lembrar: se a primeira impressão é contraditória — por exemplo, uma fachada bonita e uma atitude arrogante —, o bônus de confiança se perde. Nessa hora, a boa aparência pode até prejudicar.

É o que mostram estudos nos Estados Unidos. Na Pensilvânia, os pesquisadores compararam o grau de atratividade de 74 acusados com as penas que eles tinham recebido. Para quem era bonito, o tempo de reclusão ou a fiança caía pela metade, para o mesmo delito. Entretanto, havia uma exceção reveladora: se o delito havia sido cometido a partir da boa aparência — homens prometendo casamento ou mulheres que se aproximavam de homens para roubá-los —, as penas eram draconianas. Os juízes beneficiavam os meliantes feios, lembrando-se da ingenuidade de suas vítimas.

Quem tem influência recebe mais atenção. A mídia fala deles, as pessoas comentam e os conhecem. Isso significa também que ficamos muito interessados em saber o que os donos de poder, riqueza e prestígio fazem com seu patrimônio de felicidade. Com a ajuda de advogados espertos, um sujeito rico pode escapar mais facilmente das garras da lei. Mas muitas vezes ele vai sofrer para sempre com a perda da simpatia pública. Nesse caso, gente comum tem maior facilidade. Essas pessoas podem se mudar de cidade e recomeçar, lá onde ninguém conhece seu passado obscuro.

Caçadores de simpatia e combatentes solitários

No final deste capítulo, quero citar ainda duas ciladas da simpatia: o esforço muito visível por simpatia e sua completa rejeição. Os batalhadores por simpatia entram na primeira categoria e os combatentes solitários, na segunda.

Batalhadores por simpatia. Certamente todos nós já caímos nessa cilada uma vez. Você se encontra numa situação em que seu desempenho conta muito. Por exemplo, quando você precisa falar para dezenas de pessoas. Ou está sentado diante de uma pessoa importante, cuja decisão pode afetar seu futuro. Então, é difícil fazer o que precisa ser feito de maneira descontraída. Você quer imperiosamente causar uma boa impressão. Por isso, fica ligadíssimo nos sinais de simpatia. Cada sorriso encorajador da plateia o deixa mais confiante, cada testa franzida desperta pânico.

Nessa hora, muitas pessoas tendem a um comportamento que os norte-americanos chamam de *fishing for compliments*, algo como "querer confete". Você está em busca de elogios e outros sinais de simpatia. Alguns perguntam diretamente: "Eu não mandei bem?". A maioria dos batalhadores de simpatia, porém, emite sinais mais sutis, como por exemplo:

- Eles olham o tempo todo para se certificar de que as pessoas estão balançando a cabeça afirmativamente.
- Eles perguntam com frequência: "Eu não tenho razão?" ou "Você também não acha?".
- Se o público não emite uma concordância explícita, eles passam a falar mais rápido e seu tom de voz se torna mais ameaçador. Caso recebam uma reação positiva, tornam a se acalmar. Se a confirmação não vem, seu comportamento se torna cada vez mais inseguro.

Infelizmente, o tiro em geral acerta o pé. Quem fica mendigando por sinais de confirmação, alcança exatamente o oposto. Pois só quem se sente simpático arregimenta simpatia. Os ouvintes percebem todas as dúvidas em relação à autoestima e pensam, inconscientemente: "Se ele mesmo não tem certeza que seu jeito é simpático, por que devemos achá-lo simpático?".

Nos próximos capítulos, você vai descobrir como sair dessa saia justa.

Combatentes solitários. Friedrich Schiller fez com que seu libertário suíço Guilherme Tell falasse o seguinte: "Sozinho, o mais forte é mais poderoso". Mas não foi um herói único, mas sim a união de todos os confederados suíços que conquistou a liberdade da república alpina. Os combatentes solitários só alcançam fama e honra nos filmes de Hollywood. Na vida real, os políticos precisam de partidos, heróis de guerra precisam de exércitos e empresários precisam de seus funcionários para alcançar seus objetivos. A maior força está com quem consegue dispor da força das pessoas ao seu redor a qualquer tempo.

Combatentes solitários apresentam motivos plausíveis para sua mentalidade:

- Tenho medo de ser usado.
- Já fui decepcionado muitas vezes.
- Sozinho, não preciso fazer acordos.
- Sozinho, trabalho melhor e mais rápido. Em equipe perde-se muito nas divergências.

No curto prazo, ele pode ter razão. Preocupar-se com os outros custa tempo e energia. Mas, no longo prazo, os que entram na batalha retribuem seu esforço de maneira dobrada ou triplicada, na forma de elogios motivadores, estabelecimento de contatos importantes, obtenção de apoio moral e de tempo. A condição é a existência de simpatia mútua. Ela é a chave do sucesso social. Pense em todas as pessoas de sucesso que você conhece. Nenhuma delas teria chegado à sua posição atual sem o apoio de inúmeros ajudantes nos bastidores.

PASSO 2
Teste seu grau de simpatia

Você é mais rejeitado do que aceito? Os outros costumam passar por cima de você ou nem notá-lo? Esses são sinais claros de déficit de simpatia. Nesse caso, tenho duas boas notícias: com a ajuda dos próximos capítulos, você melhorará seu grau de simpatia. E você não está sozinho. Cada segunda pessoa passa pela mesma situação. Desde 1974, o Instituto de Opinião Pública de Allensbach pergunta aos alemães qual seu objetivo de vida mais importante. O número daqueles que assinalam "quero ser popular" subiu desde então de 36% para 47%. Há muitos motivos para isso:

- Nossas exigências de felicidade aumentaram.
- Mudanças, separações e solidão cresceram. O amor da vida inteira se tornou mais raro. Por isso, amigos e reconhecimento social ganham importância.
- A concorrência ficou mais dura no mundo do trabalho. Muitos passam por experiências de fracassos, *bullying* e demissões.
- Os sucessos estão cada vez mais dependentes da "vitamina R(elacionamentos)".

Quais são seus pontos fortes e fracos no quesito simpatia?

Depois de aprender, no capítulo anterior, como surgem a simpatia e a antipatia, vamos falar concretamente de você. Falta de simpatia não é um destino congênito. O filósofo grego Aristóteles chama o ser humano de "animal social". O desejo por contato e vida em conjunto faz parte de nossa constituição básica. Por isso, todos carregamos os recursos necessários para conquistar a afeição dos outros. Estamos programados para estarmos em grupo.

Ninguém é 100% amado ou odiado. Quase sempre existe uma mistura. Em alguns campos da simpatia tudo vai às mil maravilhas, nos outros há problemas. Num primeiro passo, faremos um balanço. O questionário a seguir vai ajudá-lo a descobrir quais são seus pontos fortes e fracos no quesito simpatia. No final, você vai ver que não será necessário mudar seu comportamento como um todo. Você não precisará retorcer seu caráter. Será preciso apenas fazer correções cuidadosas em alguns poucos pontos de seu jeito de ser, e logo seus graus de simpatia vão subir.

Para descobrir quais são essas correções, responda às vinte perguntas abaixo. Elas abarcam aspectos de sua autopercepção, suas experiências na infância, seu relacionamento e seu comportamento. Sinceridade é imprescindível, senão o teste fica sem sentido. Por isso, não responda aquilo que você achar ser politicamente correto ou desejável socialmente. Assinale aquilo que corresponde realmente às suas experiências e percepções. Se várias respostas forem possíveis, escolha a mais adequada a você. Assinale sempre apenas uma opção. Se uma pergunta não fizer sentido para você, pule-a.

TESTE

QUAL SEU GRAU DE POPULARIDADE?

A. Autoimagem

1. Você gosta do seu jeito de ser? Reserve alguns minutos e anote aquilo que você gostaria de mudar em você. (Aspectos externos, traços de caráter, capacidades.) Quantos pontos você listou?
   a) Mais de dez.
   b) De cinco a dez.
   c) De dois a cinco.
   d) No máximo um.

2. Você gostaria de ser famoso?
   a) Sim, por causa do dinheiro e do estilo de vida confortável.
   b) Sim, porque seria conhecido e admirado.
   c) Sim, pois então seria alguém especial.
   d) Sim, por causa dos muitos contatos.
   e) Não, seria estressante demais para mim.
   f) Não, detesto ser reconhecido em todos os lugares.
   g) Famoso ou não, para mim tanto faz.

3. Pense em duas, três pessoas queridas que você considera exemplos. O que o faz admirá-las?
   a) Seu bom humor constante.
   b) Seu grande círculo de amigos.
   c) A facilidade com que estabelecem contatos.
   d) O fato de não ficarem se gabando de seu sucesso.
   e) O fato de estarem sempre disponíveis para os outros.

4. Quais das seguintes mudanças de comportamento você gostaria muito de empreender?
   a) Reagir de maneira mais tranquila e amistosa nas discussões.
   b) Expressar a própria opinião com mais coragem.
   c) Interromper os outros com menos frequência e ser mais paciente ao ouvi-los.

B. Experiências na infância

5. Lembre-se de sua infância. Na sua classe ou na sua turma, você era:
   a) O líder?
   b) Um integrante do grupo?
   c) O confessor ou aquele que ouvia o lamento de todos?
   d) O líder de uma oposição ou turma contrária?
   e) O integrante de uma oposição ou turma contrária?
   f) Alguém que ficava à margem ou a ovelha negra?

6. Quando os jogadores eram escolhidos (por exemplo, nas seleções da escola), você era escolhido:
   a) Em primeiro ou segundo lugar?
   b) Era um dos últimos?
   c) Não ficava nem entre os primeiros nem entre os últimos, mas no meio?
   d) Era você aquele que escolhia?

7. Na escola e durante os estágios profissionais, qual era seu lugar no grupo?
   a) Era um dos primeiros?
   b) Ficava no meio?
   c) Era um dos últimos?

8. Você era tido como:
   a) Um arrivista?
   b) Alguém que se menosprezava?
   c) Nenhum dos dois?

C. Relacionamentos sociais

9. Bons amigos são aqueles que podem ser chamados a qualquer hora em situações difíceis. Eles vão separar um tempo para você. Quantos desses bons amigos você tem?
   a) Mais de dez.
   b) De cinco a dez.
   c) De três a quatro.
   d) De um a dois.
   e) Nenhum.

10. Em comparação com sua infância, atualmente você:
    a) Tem mais bons amigos.
    b) Tem menos bons amigos.
    c) Tem um número igual de bons amigos.

11. Quem se esforça mais e com mais frequência para manter o contato? Se vocês resolvem fazer algo juntos, quem geralmente toma a iniciativa?
    a) Eu.
    b) Meus amigos.
    c) Eu ignoro quem não mostra interesse em mim.

12. Se você tivesse de procurar um novo emprego:
    a) Procuraria os serviços de recolocação do governo?
    b) Leria os anúncios classificados?
    c) Enviaria currículos aleatoriamente a empresas adequadas?
    d) Contataria seus contatos profissionais?

13. Suponhamos que nos próximos anos você queira fazer uma viagem a passeio a Buenos Aires e Nova York, a fim de conhecer gente nova.
    a) Você tem indicações de quem procurar em pelo menos duas dessas cidades.
    b) Você sabe de pronto quais dos seus amigos podem ajudá-lo a encontrar pessoas nessas cidades.
    c) Você primeiro precisa perguntar entre seus amigos, mas pela experiência já sabe que dessa maneira conseguirá os contatos necessários.
    d) No pior dos casos, seus amigos conseguirão lhe informar pelo menos um contato em uma dessas cidades.
    e) Você vai pessoalmente atrás dos contatos necessários.
    f) Você reserva um hotel e espera fazer novos conhecidos nos lugares.

D. Comportamento social

14. Seus conhecidos provavelmente o chamariam de (caso você não saiba, informe-se):
    a) Simpático.
    b) Competente.
    c) Dominante.
    d) Reservado ou tímido.

15. Seus amigos/conhecidos já o incentivaram a mudar qual aspecto de seu comportamento?
    a) Demonstrar mais sentimentos/ter maior participação.
    b) Não explodir tão cedo.
    c) Não permitir tudo.
    d) Deixar os outros exporem sua opinião.
    f) Ser menos reservado.
    g) Ser mais diplomático.

16. Se alguém o contradiz numa questão importante, como você costuma reagir?
    a) Você aceita, a fim de evitar um conflito.
    b) Você diz que ambos os pontos de vista são igualmente importantes.
    c) Você insiste no seu ponto de vista.

17. Ao conversar com pessoas importantes, no que é que você mais presta atenção?
    a) Em não cometer gafes.
    b) Em passar uma boa impressão.
    c) Nas expectativas positivas do seu interlocutor.
    d) Nas possíveis reações negativas do seu interlocutor.
    e) Na precisão dos próprios argumentos.

18. Com qual frequência você se sente ignorado por garçons, vendedores e funcionários do setor de informações de prédios públicos?
    a) Raramente ou nunca.
    b) Às vezes.
    c) Muitas vezes.
    d) Quase sempre.

19. Alguém vem de encontro a você numa calçada estreita. O que você faz?
    a) Você abre espaço, se preciso pisa na rua ou usa a entrada de uma casa.
    b) Você empurra o outro da calçada.
    c) Você sinaliza com um breve olhar como ambos passarão pela calçada.
    d) Não há regra. Depende da outra pessoa.

20. Você conversa com os outros sobre assuntos constrangedores (assuntos sexuais, sintomas desagradáveis de doenças, experiências em que você foi malsucedido)?
    a) Nunca. Ninguém tem nada que ver com isso.
    b) Só raramente, com amigos muito próximos.
    c) Se alguém conversar sobre os próprios assuntos constrangedores.
    d) Às vezes, mas em geral fazendo insinuações.
    e) Muito abertamente, se o assunto não for constrangedor para o outro.
    f) Tanto quanto qualquer outro tema.
    g) São meus assuntos preferidos.

Avaliação quantitativa

Você pode avaliar o resultado tanto do ponto de vista quantitativo quanto qualitativo. Para a avaliação quantitativa, use a tabela a seguir. Cada possibilidade de resposta do questionário recebe um determinado número de pontos. Some os números de suas respostas.

Pergunta nº	A	B	C	D	E	F	G
1	0	2	4	5	-	-	-
2	2	1	3	5	2	1	2
3	2	3	2	2	5	-	-
4	3	5	2	-	-	-	-
5	4	2	5	3	1	0	-
6	5	0	3	4	-	-	-
7	5	3	1	-	-	-	-
8	0	5	3	-	-	-	-
9	5	4	3	2	0	-	-
10	5	1	3	-	-	-	-
11	3	5	1	-	-	-	-
12	0	1	2	5	-	-	-
13	5	5	4	3	2	0	-
14	5	2	2	3	-	-	-
15	0	3	5	2	4	1	-
16	3	5	1	-	-	-	-
17	2	1	5	3	1	-	-
18	5	4	2	0	-	-	-
19	2	0	5	4	-	-	-
20	1	2	3	4	5	4	2

A soma de seus pontos vai revelar sua popularidade. A escala de popularidade é a seguinte:

- 90 pontos ou mais: excepcionalmente popular e charmoso.
- 65 a 89 pontos: simpático com alguns pontos negativos, que limitam a impressão geral positiva.
- 45 a 64 pontos: mediano, nem muito simpático nem muito antipático.
- 25 a 44 pontos: ou inexpressivo com alguns traços simpáticos ou de caráter controverso, com traços simpáticos e antipáticos.
- Até 24 pontos: não muito popular, irradia pouca simpatia.

Na avaliação qualitativa que se segue, você vai levar em conta o conteúdo de suas respostas. Na questão 14, por exemplo, "dominante" e "competente" têm a mesma pontuação, porque ambos têm o mesmo efeito sobre sua simpatia. Mas como veremos no capítulo 3, se você quiser melhorar seu grau de simpatia, é possível derivar consequências diferentes de cada uma dessas respostas.

Passo agora uma visão geral do significado de suas respostas às 20 questões. Ela o ajudará a avaliar com maior precisão o que você escolheu como resposta. Propositadamente, formulei algumas questões de uma maneira um pouco diferente da do questionário. Agora você vai saber o que há para descobrir a partir delas. No decorrer deste livro, você encontra informações adicionais detalhadas e dicas.

Avaliação qualitativa

Pergunta 1: Quantas coisas você mudaria em você?

Quem gostaria de mudar muita coisa em si se vê com olhos muito críticos. Essa postura aparece também na maneira como a pessoa se comporta. Os outros passarão a olhar de maneira crítica quem não se valoriza. A simpatia, porém, necessita de (auto)aceitação. E será que quem não sabe o que poderia mudar talvez seja preguiçoso demais para pensar a respeito? Entretanto, a autoaceitação por comodismo aumenta a popularidade. O que conta não é sua perfeição. Mas o quanto você está satisfeito com suas próprias características, apesar das suas deficiências.

Pergunta 2: Você gostaria de ser famoso?

Aqui o que importa são os motivos. Quem quiser ser admirado por muitos fãs ou amealhar fortuna colocará o prestígio e a vaidade em primeiro lugar. Aqui, encontramos mais vaidade do que simpatia. Entretanto, ser famoso também ajuda a conhecer gente interessante. Esse motivo é importante para muitos famosos que irradiam simpatia. Mas o contrário, quem se mantém distante da opinião pública para manter seu sossego, não gosta especialmente de fazer contatos.

Pergunta 3: O que você admira nos outros?

Admiramos nos outros aquilo que sentimos falta em nós mesmos. Por essa razão, essa resposta dá indícios das deficiências que você detecta na sua própria pessoa. Uma exceção é "estar sempre à minha disposição". Esse desejo baseia-se em reciprocidade. Você só não ficará na mão no dia em que precisar de ajuda se estiver sempre à disposição dos outros.

Pergunta 4: Qual a mudança de comportamento pela qual você mais anseia?
Ser reservado é mais simpático do que ser impaciente ou irritado.

Pergunta 5: Qual a posição que você ocupa no seu grupo?
A resposta aproveita conhecimentos da dinâmica de grupo. Em geral, os grupos têm dois líderes. Um deles é o líder, que dita o caminho. Ao lado, há outro líder informal, que chama menos a atenção. Essa é a pessoa que não fala mal de ninguém, que nunca é interrompida por ninguém e que está no centro das atenções durante os intervalos. Quando há conflitos a serem resolvidos, os membros se voltam com frequência a essa pessoa. Ela negocia com habilidade, mesmo no caso de briga com o líder. Ela é mais querida do que o chefe. Na escala da popularidade, aparecem em ordem decrescente: os membros do grupo e a oposição que age no interior do grupo. No fim surgem aqueles que estão à margem.

Pergunta 6: Qual é sua posição nos processos de escolha no grupo?
Essa pergunta ilumina as consequências práticas da pergunta 5. Os jogadores não são escolhidos apenas por sua competência, mas muito mais pela popularidade. Isso não vale somente para as crianças, mas também na hora de preencher as vagas no trabalho.

Perguntas 7 e 8: Como era seu desempenho na escola e como seus colegas reagiam a ele?
No geral, os bons alunos também são os mais populares. Vários estudos comprovaram isso. Mas se um aluno fica com fama de ser nerd — ou seja, quer se colocar em evidência por causa de suas notas, para conquistar vantagens com os professores —, a imagem se inverte. Nessa hora, as crianças tendem a valorizar os colegas que também são inteligentes, mas não aparecem tanto.

Pergunta 9: Quantos são seus bons amigos?
O tamanho do círculo de amigos é tido como um critério confiável de popularidade. A condição é que não se trate apenas de um grande número de conhecidos casuais, mas de contatos aprofundados.

Pergunta 10: Seu círculo de amigos cresceu?
Se sua popularidade e seus contatos sociais aumentaram desde sua infância, isso é um bom sinal de um desenvolvimento positivo. Suas possibilidades se expandem. Se esse não é o caso, com a ajuda deste livro você dará início a seu autodesenvolvimento.

Pergunta 11: De quem é a iniciativa?
Já na pré-escola, crianças populares são rodeadas por crianças menos populares. Entretanto, sempre é melhor tomar a iniciativa de procurar o contato do que ficar isolado.

Pergunta 12: Como você procura um novo emprego?
Cerca de 70% de todos os cargos mais elevados são preenchidos por meio de relacionamentos, não por anúncios e muito menos por serviços de recolocação oficiais. Quanto mais original e ativo você for ao lidar com as regras não escritas do mercado de trabalho, melhores são suas perspectivas de sucesso e sua competência pessoal. Dispor de uma rede de bons contatos ajuda. Entretanto, seus contatos também devem estar dispostos a ajudá-lo. Eles só farão isso se gostarem de você.

Pergunta 13: Como você faz contatos longe de casa?
Esta resposta complementa a pergunta 12 no campo pessoal. Também aqui uma rede de contatos ativa é melhor do que iniciativa própria e soluções rotineiras.

Pergunta 14: Seus conhecidos o descrevem a partir de quais características?
Você pode ser muito simpático, competente e, ao mesmo tempo, dominador. Se sua competência é a primeira coisa a ser elogiada, isso indica que sua simpatia está a desejar. Caso as duas características sejam igualmente desenvolvidas, seus conhecidos elogiarão a simpatia em primeiro lugar, porque eles aproveitam mais dela no dia a dia do que de sua competência — isso vale inclusive para colegas do mesmo campo de trabalho.

Pergunta 15: Qual característica seus amigos sentem falta em você?
Pessoas flexíveis e reservadas parecem mais simpáticas do que pessoas que não dispõem de habilidades diplomáticas ou aparentam não ter emoções.

Pergunta 16: Como você se comporta durante os conflitos?
Essa resposta completa a anterior em dois pontos importantes. O verdadeiro caráter se mostra de maneira mais clara durante o estresse e a briga do que numa situação tranquila. E mais apreciada do que a flexibilidade é a capacidade de tolerar opostos e de negociar com eles.

Pergunta 17: No que você presta atenção durante as conversas?
Aqui, dois extremos são desvantajosos. Quem atenta apenas para o conteúdo das suas palavras ignora a influência do relacionamento em relação ao

interlocutor no transcorrer da conversa. Mal-entendidos irão acontecer. Quem fica o tempo todo prestando atenção em sinais de alarme do interlocutor, sofre de falta de autoconfiança. Ele tende a dançar conforme a música, e a menor contradição pode afetá-lo. Um caráter estável, previsível, parece mais simpático do que uma pessoa confusa, que muda de opinião o tempo todo sem um motivo claro.

Pergunta 18: Você é ignorado com frequência?
Até pessoas famosas às vezes não são reconhecidas e acabam sendo tratadas como se fossem um zé-ninguém. Se você tem a impressão de que isso acontece com você mais frequentemente do que com os outros, é provável que você tenha colocado uma profecia autorrealizável em ação. Depois de algumas experiências ruins, você já espera de antemão ser ignorado. Vendedores e garçons traquejados registram essa postura no seu inconsciente. Como eles tendem a levar sua vida profissional da maneira mais confortável possível, eles concentram sua atenção em pessoas que vão criar caso se não forem atendidas logo.

Pergunta 19: Como você se comporta no conflito inconsciente, não verbal?
Quem se sente ignorado por garçons tende também a evitar uma colisão na calçada. É claro que isso é melhor do que arriscar um encontrão por uma bobagem. Pessoas populares, porém, têm a habilidade de lidar de maneira magistral com as regras secretas desses encontros. Aqui vale o seguinte: uma troca de olhares, indicando qual direção se vai tomar. Tente. Numa calçada estreita, caminhe frontalmente na direção de outro pedestre e, a cerca de três metros antes da colisão, lance um olhar que o ultrapasse, à esquerda. Você verá que ele vai se dirigir à direita (vista do seu lado). Se você se movimentar à direita, ao contrário de seu sinal com os olhos, vocês irão trombar.

Pergunta 20: Você conversa com os outros sobre assuntos constrangedores?
Quem aborda temas complicados com habilidade domina as sutilezas da comunicação interpessoal. Entre elas está a arte de avaliar: como meu interlocutor avalia nosso relacionamento? Do que ele gosta, não gosta, quais são seus tabus? Quem não encontra o tom correto, logo se torna impopular. A regra básica é a seguinte: você pode conversar abertamente sobre tudo — o que importa é como fazê-lo. Sua maneira de falar precisa se adaptar à situação e às especificidades de seu interlocutor.

Quanta simpatia há nos seus relacionamentos?

Para finalizar sua avaliação, sugiro um exercício de autoconhecimento, no qual você poderá seguir livremente a sua intuição. Com ele você irá descobrir outras fontes de simpatia e suas falhas. Ao mesmo tempo, ele também lhe dará as primeiras sugestões para aumentar sua popularidade.

Pegue uma caneta e folhas de papel. Lembre-se de algumas pessoas importantes que você conhece relativamente bem. Primeiramente, você vai pensar em conhecidos pessoais. Mas também é possível anotar dois ou três famosos da televisão na sua lista. Entre eles, deve haver pessoas simpáticas e outras quase antipáticas. Use uma folha de papel para cada pessoa.

Escreva as seguintes informações:

- Nome da pessoa
- Dados e características importantes (idade, profissão, sinais específicos da personalidade e traços físicos).
- O que acho simpático na pessoa e por quê?
- O que acho antipático na pessoa e por quê?
- Sei o que os outros acham dessa pessoa? Isso difere da minha avaliação? Se sim, por quê?
- Se eu fosse essa pessoa, quais seriam os motivos para meu comportamento?
- O quanto sou simpático para essa pessoa e por quê?

Num segundo passo, compare suas anotações. Avalie:

- Onde há concordâncias, onde há diferenças?
- Onde me faltam dados, o que mais eu teria de saber?
- Há coisas que eu acho simpáticas — ou antipáticas — de pronto?
- O quanto sei sobre o julgamento dos outros?
- O quanto minhas preferências e rejeições subjetivas aparecem no meu julgamento? (Qual seria o grau de pontos comuns — ou não — com o julgamento dos outros?)
- O que mais chama minha atenção?

Você pode derivar as primeiras vantagens práticas daquilo que você descobrir. Por exemplo, coloque em prática as seguintes sugestões:

Você não conseguiu responder todas as questões sobre seus conhecidos? Marque de se encontrar com eles e pergunte. Diga: "Quando eu te liguei, estava pensando na seguinte questão...". No capítulo 8, você vai descobrir como lidar com questões delicadas de maneira simpática. Seu interesse pela opinião dos outros gera simpatia.

O que você achou simpático nos seus conhecidos? Diga isso a eles da próxima vez que vocês se encontrarem. Diretamente, sem rodeios: "Eu acho simpático seu jeito de...". Quanto mais concreto e direto um elogio, mais simpatia você conquistará com ela.

Quais foram os comportamentos antipáticos que você notou? Tente ignorá-los no futuro. Agora você sabe por que eles não o agradam e assim você pode pensar de antemão numa estratégia para lidar com eles. Briga só aprofunda a rejeição. Mantenha-se no positivo.

No que diz respeito a você, comporte-se da mesma maneira. Mostre o tanto quanto possível aqueles lados que agradam às pessoas ao seu redor. Com todo o resto, seja reservado.

PASSO 3
Especialista, líder ou bom amigo — Encontre o equilíbrio correto

Dois homens entram num balão de ar quente. Logo depois da subida, eles enfrentam tempo ruim. Quando as nuvens finalmente vão embora, eles não sabem mais onde estão. Finalmente, enxergam um homem caminhando numa trilha no campo. Eles baixam o balão até que possam ser ouvidos e perguntam: "Onde estamos?".

O homem olha para cima e responde: "Num cesto de balão".

Um balonista fala para o outro: "Viu só? Esse devia ser chefe".

"Por quê?"

"Ele estava com uma resposta na ponta da língua, mas ela não tinha nenhuma relação com o problema."

"Não, eu acho que ele era um especialista."

"Por quê?"

"Primeiro, a resposta dele era correta objetivamente falando. Mas totalmente inútil para nós."

Autoridade gera distância

Lembre-se da pergunta 14 do passo anterior: *Basicamente você é tido como competente, decidido ou simpático?* O que você assinalou? Para a maioria das pessoas, uma área é dominante. E você? As pessoas ao seu redor o consideram um líder de matilha, alguém que sabe das coisas ou um bom companheiro?

Faça mais uma reflexão: Esse efeito tem mais relação com sua personalidade ou com sua posição social? Aqui, várias combinações são possíveis. Um indivíduo está sentado numa poltrona de chefe porque desde criança era do tipo líder. Outro é um sujeito boa-praça, que, por causa do seu diploma universitário, foi promovido à chefia de um departamento. Mais conflituosa ainda é a situação de um especialista que prefere matutar sobre suas contas, mas é obrigado a liderar dezenas de pessoas. O inverso também é possível. Uma jovem, que até o momento era o centro da equipe, faz um curso de informática e, a partir de então, só se comunica pelo computador.

Quem combina sua personalidade com sua posição social vive mais feliz. Infelizmente, em tempos de poucos empregos, não é possível ficar escolhendo muito. Nessa hora, surgem os conflitos. Na verdade, eu queria bebericar com meu pessoal e jogar conversa fora. Mas não posso arriscar minha posição como gerente de departamento. Então, eu faço um esforço e exercito a (auto)disciplina. No capítulo 1, você conheceu o dilema: contradições entre personalidade e comportamento funcionam como freios à simpatia.

Mas vamos supor que você adora ser chefe ou especialista e, ao mesmo tempo, tem o emprego ideal, que corresponde aos seus interesses. Mesmo assim você pode apresentar problemas no quesito simpatia. Chefes e especialistas têm algo em comum. Eles dispõem de uma autoridade especial — um por causa de seu direito de dar ordens, outro pelo seu conhecimento. Eles se diferenciam dos colegas por sua posição especial.

Simpatia e confiança, porém, baseiam-se em igualdades. Gostamos de quem é parecido conosco. A simpatia surge entre iguais. Um chefe, entretanto, é mais poderoso do que os outros, um especialista é mais inteligente. Não em todos os aspectos, mas no momento das decisões importantes. Mantemos o senso de hierarquia mesmo numa reunião informal — tanto os funcionários quanto o chefe e o especialista. Se o chefe, animado pela cerveja, diz a certa hora da festa que quer ser chamado de "você", é prudente que você espere até a manhã seguinte para ver se ele ainda quer se lembrar disso.

Alguns chefes gostariam de diminuir a distância em relação a seus subordinados. Ele quer fazer parte das pessoas confiáveis, ser incluído nas rodinhas do café e conhecer seus problemas pessoais. Ele não quer irradiar apenas autoridade, mas também simpatia. Mas o chefe que quer angariar simpatia alcança o inverso. Ele perde sua autoridade sem ganhar simpatia. O exemplo seguinte mostra onde está o dilema.

O chefe tinha saído à noite com os funcionários. Eles conversaram sobre seus problemas pessoais na hora da cerveja. Ele escutou suas conversas com atenção. Ele pôs o braço ao redor dos ombros do contador, que falou de um problema com o filho. Por fim, o chefe falou: "Vamos deixar as formalidades de lado. Sou o Kurt".

No dia seguinte, a empresa fecha um grande contrato. O contador deve calcular os custos rapidamente. O chefe diz a ele: "Bernd, eu preciso do levantamento dos custos até amanhã cedo".

"Mas você sabe, Kurt, no momento não posso fazer horas extras. Preciso estar em casa à noite. Se eu perder o mínimo de contato que tenho com o meu filho..."
"Sinto muito, mas falamos ao cliente que até amanhã às dez..."
"Ontem, você me disse que eu podia contar com seu apoio a qualquer hora!"

Mesmo se o chefe conseguir se impor no final, sua autoridade foi abalada e ele perde em simpatia. Pois o funcionário fica irritado com a contradição entre a grande promessa da noite anterior e o comportamento real do chefe na manhã seguinte.

A tentativa de o chefe se tornar amigo dos funcionários pode levar a rituais curiosos. Para os funcionários, a amizade também é uma ordem que vem do chefe. Quando comecei em meu primeiro emprego depois de formado, o professor ordenou que todos o tratassem como um igual: "Nós discutimos abertamente sobre qualquer problema e todos são ouvidos. Isto está claro? Nós nos tratamos com informalidade. Quem me chamar de senhor está despedido!".

Simpatia é mais importante do que o conhecimento

Não é de espantar que a posição especial de chefes e especialistas renda tantas piadas: um bom especialista é alguém que sabe muita coisa sobre poucas coisas. Dessa maneira, o melhor especialista é aquele que não sabe nada sobre tudo. Sobre o relacionamento entre chefe e funcionários: o chefe é alguém que transforma catástrofes claras em orientações obscuras. O funcionário é alguém que transforma orientações obscuras em catástrofes claras. Por isso, o chefe volta a partir dessas catástrofes claras para dar novas orientações obscuras... Um círculo vicioso.

Isso quer dizer a simpatia e a autoridade não são compatíveis? Em 2005, o Emnid, um instituto de pesquisa de opinião da Alemanha, iniciou uma pesquisa abrangente entre empregados. O resultado foi que pelo menos metade dos empregados alemães gosta de seus chefes. Nesse resultado, 49% dos homens e até 63% das mulheres consideram o chefe como modelo. O mesmo percentual tanto o consideram justo quanto motivador. "Ele me tira a vontade de trabalhar", é o que dizem apenas 16% das mulheres e 18% dos homens. E o fato de o chefe ser homem ou mulher quase não tem mais importância. Em um estudo da professora Sonja Bischoff, da Universidade de Hamburgo, dois terços dos homens entrevistados se davam tão bem com chefes homens quanto com chefes mulheres. Apenas 19% consideravam ser pior o trabalho com chefes mulheres. No caso das mulheres, esse percentual foi maior: 25% das empregadas avaliaram suas chefes negativamente.

Os números mostram que muitos chefes desfrutam de simpatia. Mas, mesmo assim, quase todos os segundos provocam problemas e os sextos não são populares. Entre os especialistas, a relação é parecida. Pessoas altamente qualificadas são, em geral, muito bem vistas. Os médicos, como categoria profissional, desfrutam de muita confiança, apesar de todas as notícias sobre erros médicos, prestações de contas fraudulentas e falta de higiene em algumas clínicas. Mas quando ficamos doentes e precisamos de um médico, a coisa muda de figura. Raramente o futuro paciente escolhe o primeiro da lista telefônica. Segundo uma pesquisa de 2004 da Fundação Bertelsmann, na hora de escolher o médico, 78% dos pacientes seguia a indicação de outro paciente, ou seja, valia a propaganda boca a boca; 66% observavam o comportamento do doutor com outros pacientes na mesma situação que a sua. Apenas depois, com 65%, vinham aqueles que buscavam conhecimentos técnicos e 57% a proximidade do consultório. (Respostas múltiplas eram aceitas.) Depois de avaliar várias pesquisas europeias, a dra. Sylvia Sänger, do Centro para a Qualidade na Medicina, de Berlim, confirmou: "Para muitos pacientes, o fato de o médico saber ouvir é mais importante do que sua competência técnica".

Os pesquisadores Tiziana Casciaro e Miguel Souza Lobo estudaram a relação entre simpatia e competência e publicaram essa pesquisa em 2005 na renomada revista americana *Harvard Business Review*. A pergunta era a seguinte: na hora de pedir um conselho, as pessoas procuram por um colega competente ou por um colega simpático? A maioria dos 10 mil participantes agiu de maneira clara. Se o colega for antipático, seu grau de competência não importará. As pessoas o evitam. Se ele for simpático, elas aproveitam tudo o que ele tem a oferecer de conhecimento. E mesmo que seja pouco. Quatro variações são possíveis:

1. A preferência é procurar por um colega que seja simpático *e* competente.
2. Caso nenhum dos colegas seja assim, a procura recai primeiro entre outros colegas simpáticos, mesmo se não forem tão competentes. As pessoas pensam: ele não pode ser o mais competente, mas mostra compreensão para com o meu problema e se esforça ao máximo para ajudar — mesmo se acabar não conseguindo.
3. O especialista antipático é procurado somente em caso de extrema necessidade. Mesmo se ele puder resolver o problema rapidamente. As pessoas não querem ter de se mostrar agradecidas a quem não gostam.
4. Quem não é simpático nem competente não é procurado.

No início da pesquisa, quase todos os participantes diziam: "Claro que competência é mais importante do que simpatia". É considerado pouco profissional não fazer uso de conhecimento por causa de animosidades pessoais. Mas quando as pessoas foram confrontadas com um problema e tiveram de pedir ajuda, elas fizeram exatamente o que tinham rejeitado antes. Simpatia vem na frente do conhecimento.

Três fontes para falta de popularidade na equipe

- Você é chefe ou especialista?
- Você recebe pouca simpatia?
- Você imagina que a culpa é de sua posição destacada?

Caso você tenha respondido todas as três perguntas com "sim", verifique o quanto cada tipo se relaciona com você. Às vezes, é preciso ultrapassar apenas uma barreira; em outras, um obstáculo vem acompanhado por outros tantos.

Freios de simpatia. Você faz tudo certo e, apesar disso, sempre há atrito com os colegas, sem que algum deles possa acusá-lo objetivamente de algo. Você vivencia altos e baixos no quesito simpatia. Por algum tempo, seu relacionamento melhora, mas de repente ele piora de novo. Isso acontece em todos os lugares onde você aparece como líder ou especialista — ou seja, não necessariamente apenas no trabalho, mas também num grupo de lazer ou entre amigos, que precisam de suas habilidades. Nesse caso, alguns comportamentos problemáticos atrapalham a impressão geral, que é boa exceto por isso. Você vai conhecer outros detalhes mais adiante.

Tipos de liderança. Você tem uma personalidade forte. Você tem um estilo de liderança ou de consultoria muito marcante, típico seu. Algumas pessoas se dão bem com isso; mas com outras você acaba sempre se envolvendo em atritos, porque elas preferem outro estilo. Nesse caso, vale a pena equilibrar os extremos do próprio estilo e ser mais flexível na hora de tratar com diferentes tipos de personalidades. Veja dicas nas páginas 69-70.

Falhas no comportamento que promove vínculos. Não há conflitos explícitos, mas mesmo assim você não se dá muito bem com os outros. Será que você não é muito sociável? Será que você se preocupa mais com suas questões objetivas do que com as conversas ao seu redor? Então, você vai receber poucos sinais de simpatia, porque também emite poucos. Talvez você se diga: o fato de eu dividir meus problemas técnicos com os outros e levar sua opinião a sério já mostra que eu os aceito! Para a maioria das pessoas, isso não é suficiente. Elas ficam inseguras: será que ele não está nem aí? Ou será que nos rejeita, mas é muito educado para assumir isso abertamente? Muitas pessoas necessitam de sinais diretos de valorização para se sentirem aceitas. Nesse caso, bastam alguns sinais esporádicos de simpatia para melhorar de maneira significativa o relacionamento. Você encontra sugestões nesse sentido mais adiante neste capítulo, nas páginas 66-67.

Sete freios de simpatia que são evitáveis

As autoridades técnicas e as lideranças geram expectativas. Todos têm determinadas noções de como uma pessoa numa posição destacada deveria se comportar idealmente. Caso ela aja de acordo com essas regras, cria-se confiança. Tais chefes e especialistas são populares. Entretanto, poucas manias são suficientes para atrapalhar a boa impressão geral.

Explosões espontâneas de raiva. Enquanto as coisas andam conforme o planejado, o chefe é um doce de pessoa. Mas e quando um colaborador sai do *script*? Assim que o estresse e a ansiedade aumentam, o chefe se transforma numa nuvem preta, carregadíssima. Ele berra. Ou ele expressa sua raiva de maneira indireta — por meio de observações irônicas que machucam ("Ora, Schulz, até meu neto de quatro anos faria isso melhor.") ou por meio de amuamentos ("Então, tratem de se virar sem mim."). O especialista abandona o seu trabalho: "Se vocês acham que sabem fazer melhor do que eu...".

Dar vazão à raiva tem um efeito libertador no momento, mas em longo prazo é algo que não faz bem. Os funcionários interpretam os ataques de raiva como confissões de fraqueza. A autoridade começa a rachar. Ela não é mais levada a sério. Dica: assim que você sentir a raiva tomando conta de você, use um argumento qualquer para deixar a sala (por exemplo, ir ao banheiro). Do lado de fora, expire devagar, pelo menos durante dez segundos. Isso acalma. Então, pense como uma pessoa com o domínio da situação reagiria. Retorne à sala e siga sua reflexão. Diga, por exemplo: "Acho essa questão extremamente chata. Quem tem sugestões para uma solução construtiva?".

Postura de vítima. Uma posição especial não traz apenas privilégios. Ela também deixa a pessoa vulnerável. O chefe da seção serve como anteparo entre seus funcionários e o nível da chefia. O especialista deve responder por tudo o que acontece de errado na sua área de atuação — mesmo se outros prejudicaram o procedimento na hora de ser colocado em ação. A coisa mais errada a fazer agora seria se queixar dos funcionários junto à chefia e da chefia junto aos funcionários. Se você procura compreensão: seus interlocutores devem estar no mesmo nível hierárquico que o seu e não concorrer com você pela ascensão na empresa. Melhor ainda: transforme-se de vítima em agente. Tome a iniciativa. Peça aos responsáveis por apoio aos seus esforços em busca de melhorar a situação.

Críticas constantes. Quem não prefere criticar a que ser criticado? Entretanto, quem usa seu poder para isso logo se torna impopular. Você também já não teve de lidar com chefes que não paravam de criticar, mas nunca elogiavam? Surpreendentemente, esses são os mesmos chefes que não suportam ter suas ações minimamente questionadas. Eles tomam qualquer pergunta como ataque pessoal. Essa postura é muito perigosa. Logo os funcionários não vão mais ter coragem de apresentar qualquer tipo de questionamento. Erros e problemas não são mais conversados. Depois de algum tempo, o chefe acha que todos o consideram perfeito porque ninguém mais diz nada, mas se espanta quando as pessoas reagem de maneira tão pouco animada em relação a suas orientações grandiosas.

Se você escutar algo que não o agrada, não reaja imediatamente. Mas também não é preciso sair se martirizando. É melhor perguntar: "Verdade? Você pode me explicar melhor sua restrição?". Se você escutar por tempo suficiente, seu interlocutor vai começar a relativizar a crítica. E então você pergunta pelas sugestões dele. Caso você não consiga aceitar a crítica, apesar da maior boa vontade, diga: "Obrigado por sua franqueza. Vou pensar a respeito". Oitenta por cento dos que criticam já ficam satisfeitos quando são ouvidos. Mesmo se nada mudar na prática.

Saber tudo melhor. Um dos meus antigos chefes era um profissional reconhecido na sua área. Ele tinha a seguinte mania: em reuniões, incentivava todos os funcionários a uma discussão aberta. Mas, se alguém dissesse algo divergente, ele contradizia imediatamente a pessoa e, usando de sua autoridade, explicava a ela como um funcionário sagaz deveria enxergar as coisas. A última palavra era sempre a dele. Seu pessoal servia apenas para lhe dar as deixas. Dessa maneira, a discussão "democrática" se transformava num consenso falso. Com o tempo, quase ninguém tomava a palavra. Nós o deixávamos falar, e ele falava. Muitas vezes, mais de uma hora seguida. Os funcionários só expressavam suas opiniões quando o chefe estivesse ausente. E o que era dito sobre ele e suas ideias era tudo, menos lisonjeiro.

Quando alguém fala de vocês pelas costas, é bem provável que você tenha ganhado a fama de sabichão. Exercite sua discrição se você for o mais esperto da sua turma. Mesmo pessoas com menos conhecimento técnico têm às vezes ideias úteis ou, pelo menos, fazem perguntas surpreendentes. Aproveite isso para encarar o problema de um ponto de vista não convencional. Nenhum especialista é tão inteligente que não exista mais nada sobre o que ele não possa aprender. A partir da experiência com a dinâmica de grupos, sabemos que a solução encontrada, em geral, é superior à sugestão do membro individual mais inteligente do grupo. Para isso, basta que o grupo acrescente ao conhecimento do especialista um outro aspecto. Escute durante dez minutos, mesmo se sua vontade for retrucar de imediato. Quando você escuta, cresce a disposição de você ser escutado também com mais boa vontade.

Avestruz. Problemas e conflitos são desagradáveis. Quem dispõe de inteligência para a liderança, fortalece sua autoridade na medida em que faz seu pessoal superar a crise com uma solução construtiva. Infelizmente, muitos chefes desperdiçam essa oportunidade. Eles preferem meter a cabeça na terra e torcem para a tempestade passar rápido. Você reconhece esse comportamento de avestruz a partir das seguintes frases:

"Sou especialista em software. Os outros é que fazem a aplicação."

"Não me perturbe com essas bobagens. Tenho de organizar o trabalho do departamento."

"Bons funcionários resolvem essas coisas entre si."

"Vamos parar com isso. Afinal, vocês não são mais crianças. Deem-se as mãos e façam as pazes."

"Tudo bem, vocês colocaram para fora o que estava incomodando. Vamos deixar para lá. Temos coisas mais importantes a fazer."

"Deixem o pessoal lá de cima falar. Nós vamos fazer o nosso trabalho."

A pessoa que o procura para ajudá-la num conflito está lhe passando um atestado de confiança. Agora é hora de colecionar pontos de simpatia! Escute o que ambas as partes têm a dizer. Não tome partido de maneira alguma. Cheque se há pontos comuns nas posições opostas. Procure nesses pontos comuns por uma solução provisória e sugira testá-la durante duas semanas.

Pessimista. Inovações são um risco. Principalmente aos chefes e aos especialistas responsáveis. Pois eles vão responder caso essas inovações não deem certo. Por essa razão, eles brecam o processo levantando questionamentos. Como têm a visão mais ampla — os chefes pelo conhecimento de outros departamentos e dos níveis superiores, os especialistas pela sua habilidade —, não lhes é difícil disfarçar os próprios medos com muitos argumentos inteligentes.

"A inovação é interessante, mas até agora não foi testada suficientemente na prática."

"Até agora, isso é só teoria. Infelizmente não conheço pesquisas que confirmem o sucesso sem quaisquer restrições."

"Em time que está ganhando não se mexe."

"Seria leviano arriscar nosso lucro suado numa experiência incerta."

Preste atenção para que os contra-argumentos sejam igualmente inteligentes. A primeira locomotiva a vapor, o primeiro avião e o primeiro computador também começaram como inovações não testadas. Na época, todos desdenhavam dizendo que o povo iria continuar com o cavalo, a carroça, o navio e o ábaco. Se você não se desviar do caminho já testado, a concorrência o fará. Daí, seu "caminho já testado" se transformará em breve numa queda ao fracasso.

Introduza as inovações passo a passo e de maneira probatória. Permita que seu pessoal junte experiência. Mostre sua animação com o teste. Reforce as chances trazidas pelas inovações. Mesmo se no final você ficar com o jeito antigo, todos vão ter aprendido alguma coisa, diminuindo ainda seus medos contra o novo.

Hoje assim, amanhã de outro jeito. Mudanças constantes de direção deixam os funcionários inseguros. Os piores chefes são aqueles que comunicam seus desejos apenas por insinuações: "Você já me entendeu, Müller. Faça algo a partir disso. Você já não é mais uma criança que precisa de tudo explicadinho nos mínimos detalhes". No dia seguinte, a conversa é outra: "Müller, quem lhe deu permissão para decidir por conta própria? Como assim? Eu? Você não sabe que quero ser consultado antes de cada passo?". No terceiro dia: "Qual é o problema dessa vez? Quando eu disse todo o passo, não estava me referindo a cada borracha que você compra! Tenha um pouco mais de autonomia, Müller!".

Com tais oscilações, o chefe ensina Müller a ter medo. Autoridade e regras claras andam juntas. Normas confiáveis são o equipamento de pesquisadores, pais, advogados e executivos de sucesso. Você pode escolher as regras que quiser — só não pode abrir mão totalmente delas. Mesmo que você tenda à impontualidade e ao caos, é possível enquadrar suas preferências com regras. Nas universidades alemãs, por exemplo, "o quarto de hora acadêmico" é comum. Chegar quinze minutos mais tarde é algo tolerado.

Movimente-se sempre dentro de limites flexíveis. Informe as pessoas de suas regras. Não tente disfarçar a instabilidade com palavras como "É que sou criativo" ou "Eu sempre ajo de acordo com a emoção". Você gostaria de depender do bom humor de outra pessoa se o que está em jogo é o seu salário ou suas próximas férias?

Quatro tipos extremos de liderança

Você tem uma personalidade marcante? Dispõe de um estilo próprio, inconfundível? No momento em que você tende ao extremo, há um problema no quesito simpatia. Por exemplo, o que você entende por "pontualidade"? Vamos fazer de conta que você combinou ao meio-dia com um cliente. Quando ele chega quase meia hora mais tarde, dando como desculpa o trânsito, você diria que ele foi "pontual, em princípio"? Se sim, então você vai se dar bem tanto com pessoas muito rígidas quanto com aquelas com alguma descontração. Mas a situação é diferente se você espera que seu cliente esteja às 12 horas pontualmente na sua frente. Melhor ainda se forem alguns minutinhos antes, porque as onze e cinquenta e cinco você já começa a consultar, nervoso, o relógio. E, se for o caso de ele desmarcar, que seja ao menos com um dia de antecedência, para você conseguir usar o tempo de outra maneira.

No último caso, colegas certinhos vão gostar de você. Gente criativa, que não respeita horários e que só se desculpa três dias mais tarde numa conversa longuíssima ao telefone, vai achá-lo meticuloso demais. Mas se você tender à bagunça e à espontaneidade, vai se dar bem com os caóticos. E não vai dar nenhuma bola aos superpontuais. Tanto faz com qual dos quatro extremos você tem de lidar: faça um esforço para suavizar seu próprio estilo a partir do seu oposto. Você ganhará mais amigos do que agora.

O perfeccionista. É mais provável que a mesa esteja mais vazia do que abarrotada. Os poucos papéis estão organizados num canto da mesa, retinhos. Seu estilo de liderança é autoritário e focado em objetivos. Seu lema: princípios claros facilitam a vida. Sua vantagem: ele é previsível. Ele trabalha de maneira estruturada, com diretrizes claras. Ele expressa suas expectativas sem margens para dúvidas. Como quer acompanhar tudo sempre, ele tende ao controle. Quem consegue fazer o que é esperado recebe elogios honestos. Ele não gosta de incertezas ou discussões. No máximo, questionamentos breves para esclarecer algum ponto. Para ele, "iniciativa própria" significa "realizar minhas ordens de maneira rápida e muito eficiente". Quem se desvia de suas orientações, mesmo com a melhor das boas intenções, não pode esperar por perdão. O perfeccionista se torna teimoso e entra numa disputa de poder.

Se você tende ao perfeccionismo, delegue o máximo possível de tarefas. Permita às pessoas criativas e desorganizadas realizar as atividades de acordo com o jeito delas. Avalie o desempenho somente pelo resultado. Estabeleça para si próprio diretrizes sobre o quanto de impontualidade, enrolação e autonomia você quer aceitar. Seja generoso nos seus limites de tolerância. Dê aos seus funcionários prazos mais curtos, para não haver estresse se um eventual trabalho extra for necessário.

O espontâneo. Ele é o oposto do perfeccionista. Sua mesa está repleta de pastas e *post-its* espalhados por todo o canto — sinais de esforços inúteis de manter uma organização. Ele tende a ser multitarefas, é ativo em diversos lugares ao mesmo tempo. Ele telefona, atende a uma ligação na linha dois, assina contratos e acena para a pessoa com quem vai se reunir para que se sente — embora tenha se esquecido havia tempos desse encontro. Não é possível reconhecer um estilo de liderança claro. Iniciativa própria é bem-vista, cada nova ideia desperta satisfação, quanto mais original, melhor. Seu lema: só os pedantes mantêm tudo organizado, o novo nasce do caos. Sua vantagem: muita liberdade e um ambiente relaxado. A atmosfera de trabalho é agradável, os colegas se gostam. Apenas os funcionários muito zelosos se ressentem. Eles levaram a sério um lampejo de seu chefe espontâneo e trabalharam até altas horas para desenvolver um plano. Quando o apresentam, bem cedo na manhã seguinte, o chefe não quer saber. Isso foi ontem, hoje ele está com uma ideia melhor.

Se você tende à espontaneidade e ao caos, trabalhar de modo irrefletido pode ser gostoso, mas produz atritos. Peça a um de seus funcionários zelosos para organizar um planejamento global e observar seu cumprimento segundo sua orientação. Faça um esforço para realizar uma tarefa depois da outra. Neurologistas norte-americanos apontaram que nosso cérebro não trabalha efetivamente dando conta de várias tarefas ao mesmo tempo. Permita que seus funcionários "pedantes" montem ilhas estruturadas e se afastem do caos do ambiente. Se eles estiverem concentrados num trabalho, permita que trabalhem sem interrupções. Não os chame espontaneamente para uma conversa e só passe novas tarefas quando eles tiverem terminado as outras.

O capitão. Ele comanda seu navio sozinho por águas perigosas. Comandante solitário em vez de espírito de equipe — inúmeros líderes não conseguem delegar: "Até eu explicar isso, já resolvi o problema". As consequências: o capitão fica sobrecarregado. Quase não há trocas. Seu estilo de liderança é patriarcal. Ele trata seus funcionários como filhos e filhas menores de idade. Seu lema: alguém tem de comandar, e esse alguém sou eu. Sua vantagem: ele não hesita na hora de tomar decisões, assume a responsabilidade, mesmo pelos erros de seus funcionários, e não foge de conflitos. Em crises maiores, ele continua segurando o timão. No dia a dia, os capitães parecem quase inatingíveis. Sua postura é objetiva, não sentimental.

Se você percorre a vida feito um capitão, organize encontros sociais em aniversários e no Natal. Se isso não combinar com você: quem de sua equipe é aquele mais procurado para confidências? Responsabilize essa pessoa pela organização. Suavize seu estilo de comandante. Delegar vale a pena. Mesmo se o trabalho não sair tão rápido, a equipe se torna mais unida. Você ganha simpatia, pois confiou algo às pessoas. Mais importante do que tudo, delegue trabalhos parciais, juntamente com a responsabilidade parcial. Não se meta quando a pessoa fizer seu trabalho. Mas faça com que todos os fios continuem chegando até suas mãos. Peça relatórios parciais. Elogie seus funcionários pelo sucesso geral.

O companheiro simpático. Sua mesa se parece um playground. Há fotos de seu time de futebol, guias de viagens e acessórios de escritório engraçados. Ele faz o papel de técnico simpático da equipe. Perdeu o horário? Tudo bem! Um cliente insatisfeito? O mundo não vai acabar por causa disso! Seu estilo de liderança se chama *laisser-faire*, deixar as coisas acontecerem. Quem não segue suas orientações não terá a cabeça decepada. Ele prefere abrir mão de ficar comandando e apela ao bom senso. Sua vantagem: ele é sempre amistoso e compreensível. Seu lema: viva e deixe viver. Mas se a empresa estiver passando por uma crise um pouco maior, ele olhará desamparado para os lados. No lugar onde um capitão jogaria uma âncora salvadora, ele se afunda juntamente com sua equipe. Quem não consegue viver sem um feedback positivo sofre com esse estilo. Pois chefes são menos elogiados do que outros, já que, em geral, seus superiores não acompanham diretamente seu trabalho. Mas ser especialista gera solidão, porque as pessoas ao redor não sabem avaliar esse trabalho específico.

Se você estiver recebendo pouco reconhecimento em sua posição especial, não tente arrancar elogios dos subordinados ou dos clientes. Você estaria mostrando uma fraqueza — dependência do reconhecimento de terceiros — que pode facilmente ser usada para atacá-lo. Pior ainda, funcionários ardilosos podem elogiá-lo com segundas intenções, para conseguir vantagens profissionais. Dessa maneira, você estaria incentivando exatamente as pessoas erradas.

A simpatia também é abalada nos seguintes casos:

O queridinho de todos. Não tente agradar a todos. Assim que as pessoas tiverem descoberto isso, você será usado impiedosamente. Em algum momento você vai ter de puxar o freio de emergência e bater o pé. A simpatia terá sumido.

O problemático. Pense bem a quem contar seus problemas pessoais. Mantenha uma distância amistosa em relação a todos. Quem se irmana perde autoridade. Seus melhores amigos não devem estar na sua equipe.

O fofoqueiro. Você adora soltar o verbo juntamente com os colegas sobre o trabalho, os clientes ou os superiores? Entre amigos, isso não é problema. Os pesquisadores da Universidade de Oklahoma descobriram que no momento em que você fala sobre terceiros, você se isola dos que estão de fora. Mas cuidado! Aquilo que une pessoas do mesmo nível hierárquico faz soar o alarme nos subordinados: será que meu chefe está me fritando entre meus colegas? Será que está planejando algo contra a chefia?

É preferível procurar por reconhecimento do lado de fora (como especialistas, por exemplo, junto a outros especialistas de sua área). Pergunte aos seus chefes, em intervalos razoavelmente longos, se eles estão satisfeitos com seu trabalho. E se eles querem que você melhore alguma coisa.

Os cinco trunfos de líderes fortes

Você não precisa se debater com nenhum dos problemas apresentados até aqui, mas mesmo assim está meio complicado no quesito simpatia? Então você não está fazendo erros evidentes, mas apenas emitindo sinais positivos de menos. Mais de 95% de todos os funcionários sabem muito bem o que desejam do chefe ideal. Mas cada segundo não encontra isso junto ao seu chefe em particular. Esse foi o resultado de um estudo feito em 2004 pelo instituto de pesquisa de opinião Ipsos. Com os seguintes seis princípios, você conquista autoridade *e* simpatia:

Sentimento de "nós". Como você combina sua posição especial com o trabalho em conjunto em mesmo nível? Não desfile como o chefão todo-poderoso, mas peça ajuda ao seu pessoal. Reserve um tempo para as reuniões com os funcionários. Não coloque seu ego como ponto central de suas afirmações, mas sim a tarefa comum. Não faça nenhum joguinho de poder. Se os funcionários se opuserem às suas orientações, é grande a tentação de jogá-los uns contra os outros. Por exemplo, ao chamá-los individualmente e assegurar-lhes privilégios caso fiquem do seu lado. Ou ao reter informações importantes de níveis hierárquicos superiores, divulgando-as somente para alguns funcionários escolhidos a dedo. Mesmo se você tiver sucesso com esse método de "divida e governe", em longo prazo você se tornará impopular. Você aprenderá como lidar com conflitos e ganhar respeito a seguir.

Motivação. Você consegue motivar mesmo sem ser formado em psicologia ou participar de workshops dispendiosos sobre técnicas de manipulação. Basta não perder de vista as necessidades humanas de seus funcionários. Aqui está uma lista alguns motivadores simples, com os quais você pode ganhar uma porção de pontos positivos facilmente.

Simpatia. Diga "por favor" ao passar uma tarefa e "obrigado" depois de ela ter sido concluída. Parece óbvio, mas não é.
Reconhecimento. Você acha difícil elogiar? Não é preciso dizer nada muito elaborado. Fale apenas: "Fiquei satisfeito com o jeito como você..." ou "Obrigado por você ter feito.... tão rapidamente". Seu interlocutor vai se sentir reconhecido mesmo quando você apenas assentir com a cabeça ao ouvir uma notícia breve.

Mostre confiança. Delegue tarefas parciais, observe de longe. Diga: "Sei que você vai dar conta". Fique à disposição para conselhos e perguntas.

Permaneça aberto para o novo. A coragem de pisar em terra nova também anima os outros. Não rejeite nenhuma sugestão dos funcionários sem testá-la. Se alguém ficar importunando o tempo todo com novidades, passe a bola para um colega. Pergunte a opinião desse terceiro. Além disso, peça mais detalhes: você só vai testar ideias que têm uma chance real de serem postas em ação.

Lealdade. Conheci diversos chefes que exigiam lealdade de seus funcionários. Mas eles se esqueciam da recíproca. Como se manter leal ao seu pessoal? Para isso, é preciso:

Justiça. Não recompense o puxa-saquismo, mas o desempenho. Infelizmente, muitas vezes só quem não para de pedir por aumento, e em voz alta, que consegue seu intento.

Nada de preferidos. Não privilegie ninguém, nem bons amigos e muito menos você próprio. Os preferidos logo vão tomar seus privilégios como algo natural e passarão a exigir cada vez mais. Por outro lado, os colegas frustrados se distanciam e retêm informações importantes. Mantenha o lado pessoal separado do profissional. Deixe claro aos colegas amigos que você não pode abrir exceções para ninguém no trabalho. No escritório, você também irá criticar os amigos, se necessário, mas continuará indo ao cinema com eles à noite.

Sentimento de "nós" para o exterior. Defenda a sua equipe contra pessoas de fora — clientes, outros departamentos e chefes hierarquicamente superiores. No caso de queixas, primeiro ouça todos os lados. Impeça que alguém passe por cima de você e tome alguma providência contra funcionários individualmente.

Força de liderança. Não é preciso ter uma personalidade marcante para ser persuasivo. É muito mais fácil impor um respeito amistoso de outras maneiras, a saber:

Apresentar a estrutura. Nada de orientações precipitadas! Com calma, obtenha uma visão geral. Dessa maneira, você passa credibilidade e é mais fácil convencer. Mas decisões hesitantes e ações impensadas mostram que o chefe está inseguro na questão. Cheque os prós e os contras. Em seguida, tome uma decisão clara e dê orientações claras. Mais de 40% dos funcionários se queixam de orientações dúbias.

Assumir erros. Algumas decisões acabam se revelando erradas, apesar das melhores preparações. Nessa hora, é grande a tentação de ocultar o erro ou jogar a culpa nas costas dos outros. Mas não vamos nos iludir — os colegas percebem essas manobras de imediato. Pense: quando um ministro tem de explicar na televisão os índices de desemprego, ele reclama dos sindicatos, da oposição, das empresas, da conjuntura fraca — apenas sua política de emprego é perfeita. Nossos políticos têm má fama, porque suas desculpas são tão previsíveis.

Muitos acreditam na máxima: "Se eu não confessar nenhum erro, não me torno vulnerável". Isso só é verdade se ninguém descobrir o erro e seu causador. E isso só acontece muito raramente. O estrago de um erro descoberto, mas não confessado, é muito maior. Na política, a tarefa diária da oposição e dos jornalistas é a de atacar os erros do governo. Diga: "Certo, eu me enganei nesse ponto". Dessa maneira, você enfraquece as críticas. Errar é humano. Assumindo os erros, você conquistará a simpatia das pessoas que também já passaram por isso. Peça sugestões para corrigir a falha, tome ciência da situação como um todo e tome uma nova decisão.

Criticar de maneira construtiva. Todos os workshops para executivos ensinam que a crítica deve ser motivadora. Por isso, valeria primeiro dizer algo positivo sobre os funcionários e depois a crítica, como restrição do elogio. Nenhum funcionário cai mais nesse truque. Quando o chefe o elogia, embora algo tenha dado errado, ele já sabe: logo virá um "mas" e uma bronca. A "crítica positiva" se tornou um ritual vazio em muitos lugares. Por isso, evite a mania do "sim, mas".

O melhor motivador é quem reconhece o que existe para ser elogiado e ignora o que é para ser criticado. Por isso, faça uma diferenciação entre crítica necessária e crítica supérflua. Como? Muito simples. Imagine-se no futuro, no próximo trimestre, e pense: vou me dar melhor com esse colega porque eu o critiquei há três meses? Se não fizer diferença, omita a crítica. Você só perderia em simpatia e praticamente não mudaria nada.

Se a crítica é necessária, comece formulando-a como um desejo. Em vez de "Sim... mas", escolha uma formulação "Sim e por causa disso...", por exemplo: "Você sabe como aprecio sua facilidade para pesquisas rápidas, e por causa disso eu gostaria que, no futuro, você concluísse essas tarefas no prazo". Se o funcionário refutar a crítica, discuta de maneira construtiva.

Não queira saber quem tem razão. É melhor perguntar quais são as condições necessárias para ele entregar o trabalho pontualmente no futuro.

Estilo democrático de liderança. Quanto mais enrolado um problema, mais apropriada é uma liderança participativa. Junte sua equipe: "Gente, temos de resolver uma questão... Qual é a opinião de vocês?". Cada funcionário é mais competente que você em seu campo de especialidade. Você ganha em simpatia quando aceita esse fato. Apesar disso, mantém a liderança. Você decide o quanto vai aceitar das demandas de cada um no fim. Se estiver inseguro na sua decisão, apresente ao grupo as possibilidades de solução. Faça uma votação. Daí o grupo como um todo se sentirá responsável pelo sucesso do caminho escolhido.

Três dicas adicionais para os especialistas

Todas as dicas das seções anteriores também servem para os especialistas — na medida em que dispõem de determinadas vantagens por conta de seus conhecimentos específicos. Às vezes, porém, sua posição especial também significa ficar à parte. O especialista deve fazer seu trabalho especial e deixar o restante da equipe em paz. No começo, o especialista fica feliz por ter o seu sossego. Mas logo ele se torna alguém à margem. A partir daí, ele está a um passo de ser a ovelha negra do departamento. Pouco a pouco, ele é excluído de todas as conversas. Se algo der errado, a culpa será colocada nas suas costas. Há ameaça de bullying. Previna-se antes de ser excluído:

Mostre-se disposto a aprender. Você se tornou especialista porque conquistou conhecimento. Isso aconteceu há algum tempo, ao ouvir os outros com respeito e interesse. Mantenha essa postura de estudante. Não desenvolva uma atitude de professor ou de sabichão. Você pode estar adiante no seu campo específico, mas todos na equipe são melhores que você em algum outro campo. Aproveite todas as oportunidades para aprender com seus colegas. Informe-se sobre os detalhes do trabalho. Justifique sua curiosidade: "Quero que meus conhecimentos técnicos sejam úteis para a equipe. Por isso, gostaria de saber como vocês trabalham".

Não use uma linguagem pomposa. Especialistas gostam de se esconder atrás de um vocabulário técnico, que permanece incompreensível aos leigos. Dessa maneira, você espera conseguir o respeito dos não iniciados. Um grupo de pesquisa ligado a Daniel Oppenheimer, da Universidade de Princeton, refutou essa esperança. Os psicólogos entregaram textos técnicos a leitores comuns e pediram suas opiniões sobre os autores. Resultado: o autor era considerado mais inteligente quanto mais clara e simples fosse sua linguagem. Do outro lado, os leitores duvidavam de sua competência caso ele escrevesse frases ininteligíveis. Para eles, uma linguagem obscura era um sinal de pensamentos obscuros.

Torne-se indispensável. Os especialistas muitas vezes são indicados por que vem "por cima". Os funcionários do departamento não sabem o que fazer com ele. Afinal, até aquele momento eles tinham trabalhado sem ele. Tais especialistas são os primeiros a ser demitidos quando a empresa precisa economizar e diminuir o pessoal. Caso você se encontre nessa situação: a partir de seus conhecimentos, você consegue facilitar o trabalho dos colegas? Se sim, aproveite essa chance! Se você agir com habilidade, se tornará tão indispensável que ninguém mais vai ousar colocá-lo na rua. Essa tática funciona até com os não especialistas, quando eles aprendem os conhecimentos necessários por meio do chamado "aprender fazendo". Pense: quais atividades da minha área são consideradas enfadonhas, secundárias ou ingratas? O que ninguém quer fazer, embora precise ser feito? O caminho da pessoa à margem ao funcionário indispensável tem três passos:

1. Mostre interesse numa área que é evitada pelos outros. Peça ajuda para aprender a tarefa. Essa ajuda lhe será dada de bom grado, pois você quer livrar os colegas de uma tarefa incômoda. Logo dirão: "Leve isso ao colega da sala ao lado, ele se interessa por isso".
2. Depois de você ter "dado uma mão" algumas vezes, os colegas começam a confiar em você: "Nosso colega ali ao lado tem experiência".
3. Algumas semanas mais tarde, os funcionários se acostumaram com o novo estado: "O colega ali do lado é o responsável por isso".

A partir de então, você é indispensável. Qualquer pessoa acharia excessivo ter de reassumir essa tarefa. Agora você tem espaço para organizar seu trabalho a partir de suas concepções, podendo ampliar sua atividade gradualmente e se envolver em tudo o que se relaciona com ela.

Vamos observar como o assistente Anke conseguiu fazer isso. Ela trabalha no departamento que organiza os relatórios de atividades da empresa, cujos textos são volumosos e possuem anexos, gráficos e índices analíticos.

Até agora, os colegas sempre tinham montado os índices manualmente, digitando as entradas. Anke decidiu assumir essa tarefa. Ela clicou em "ajuda" no seu programa de texto e descobriu que o computador pode realizar essa tarefa de maneira automática, caso quem esteja digitando marque as entradas no texto e acione a função "inserir índice".

A sua primeira tentativa demorou mais do que digitar manualmente as entradas. Mas logo ela aprendeu como fazer. Ela não apenas trabalhava mais rápido do que antes, como também podia oferecer novos serviços, como referências cruzadas entre passagens de texto. Nessa oportunidade, ela descobriu que o computador pode formatar sozinho o sumário a partir dos títulos, em menos de cinco segundos.

No momento em que os outros funcionários deixaram para ela, agradecidos, todo o trabalho com os índices, Anke conseguiu aos poucos influenciar a formatação dos textos e, assim, também o trabalho dos colegas. Ela precisava apenas dizer: "Para montar o índice com rapidez e de maneira prática para o leitor, preciso que...". Os colegas se acostumaram a trabalhar de acordo com as demandas de Anke. Ficar como antes digitando páginas e páginas de entradas e seus números? Com a ajuda de Anke, ninguém mais queria voltar a fazer isso.

PASSO 4
Tímido, determinado ou autoconfiante —
Supere as barreiras de contato

Certo dia, Jane, minha antiga colega de faculdade, me ligou. Ela, que trabalhava havia alguns anos na mídia, descobrira que eu tinha me tornado instrutor de comunicação autônomo. Ela me contou que sua carreira não deslanchava: "Também temos cursos sobre o modo de se comunicar com eficiência. Eu já sei todas as regras de cor. Mas quando chega a hora de conversar com os clientes numa recepção, como tempos atrás numa feira... Você me conhece. Mal estou cara a cara com uma pessoa estranha, fico muda. Tenho um branco total, começo a gaguejar e fico vermelha feito um pimentão".

O que um ratinho tímido e um bode teimoso têm em comum

Eu me lembro. Na faculdade, Jane era nossa nerd. As anotações de aula mais caprichadas eram as dela, e Jane ainda ficava até às nove da noite na biblioteca. Ela sabia tudo nas provas escritas, mas na hora da arguição oral era um desastre. Jane se enrolava até nas perguntas mais simples. Professores bem-intencionados reconheciam que ela sofria de timidez e medo de falar em público. Eles a encorajavam muito e levaram seu jeito em consideração, para que ela se formasse com boas notas. No trabalho, porém, Jane tinha de se virar sozinha.

Marcos era o oposto. Desde o primeiro dia, ele se destacou como o sujeito falastrão. Vivia querendo dar sua opinião, mesmo sem saber o que dizer. Ele não suportava ser contrariado. O que Marcos dizia era inatacável. Colegas que levantavam dúvidas eram chamados de ignorantes por ele. Ao ser confrontado, Marcos logo ficava irritadiço e chateado. Se um professor apontasse um erro, ele exclamava: "Mas não pode ser!". E se escondia atrás de um mutismo melindrado caso o professor mantivesse sua posição.

Se no começo Marcos ganhou alguma simpatia por causa de seu jeito direto, ele logo a dissipou com esse estilo tosco. Ele conhecia mulheres com facilidade, mas nenhuma aguentava muito tempo ao seu lado. Seu primeiro trabalho depois de formado não passou do período de experiência. O chefe atestou um "problema com a autoridade". Ele tentou montar uma firma própria, mas se meteu em confusão com os clientes e teve de pedir falência. A última coisa que ouvi a seu respeito foi que ele tinha assumido a representação de uma empresa de máquinas no Oriente, onde podia soltar sua arrogância sobre os chineses.

O problema de Marcos é uma determinação agressiva. Ele consegue chamar atenção de pronto, mas quem conversa durante mais tempo com ele logo se decepciona. Jane, por sua vez, é tímida. No começo, ela mal é notada. Mas quem se dá ao trabalho de atravessar suas barreiras, reconhece uma personalidade agradável. Infelizmente, não são muitos.

Timidez e determinação agressiva são os dois lados de uma mesma medalha. Ambos diminuem as chances de irradiar simpatia. Às vezes, eles ocorrem numa mesma pessoa, que supera seus constrangimentos com uma atitude especialmente espalhafatosa. Por exemplo, homens em danceterias que colocam o braço na cintura de mulheres totalmente estranhas e já falam um "Oi, gostosa, vamos ficar juntos?" na cara delas. Outros se comportam discretamente e reagem de maneira estúpida quando alguém fala com eles. Não aprenderam a reagir de maneira descontraída a uma oferta de contato.

Timidez, fenômeno de massa

Nem sempre a situação é tão extrema como no caso de Jane e de Marcos. Mesmo assim, o problema está bastante disseminado. Numa pesquisa da Universidade de Stanford, da Califórnia, mais de 40% dos entrevistados afirmaram sofrer de timidez naquele instante. Cada quarto se declarava cronicamente tímido. Mais de 80% disseram já ter tido de enfrentar a própria timidez em algum momento. Não se trata de um resultado tipicamente norte-americano. Números semelhantes foram encontrados entre os japoneses, árabes, israelenses e em todas outras culturas pesquisadas. Entre os alemães, cada segundo se sentia tolhido por inibições sociais no momento da entrevista. Mas 91% afirmam que a timidez é um problema pessoal!

Caso você conheça inibições sociais por experiência própria — bem-vindo ao clube! Muitas pessoas que você conhece têm as mesmas dificuldades. Tímidos fazem menos contatos. Por isso, eles conhecem poucas pessoas de que gostam. Eles não ousam revelar sua verdadeira opinião. Eles não ousam dizer não quando recebem tarefas extras. Eles têm medo de ser como são. Seus desejos não são expressos, ou apenas indiretamente. Dessa maneira, é frequente que sejam mal-entendidos.

Vamos nos colocar na posição de um convidado que encontra com uma pessoa quieta como Jane em uma festa. Por um lado, sua timidez desperta simpatia. Quem age de maneira tranquila não parece ameaçador. Por outro lado, existe uma grande discrepância entre seus grandes desejos por mais sucesso social e as parcas tentativas de concretizá-los. Jane não consegue ocultar essa discrepância. Seu olhar é inseguro, ela faz gestos nervosos, sua fala é entrecortada ou monótona. O espectador se pergunta automaticamente: o que ela está sentindo? Ela está interessada ou quer ser deixada em paz? Jane responde a todas as perguntas, mas não dá nenhuma opinião pessoal e não ousa fazer as suas perguntas. A conversa se arrasta durante um tempo, até que finalmente o convidado se dirige a outra pessoa.

Dessa vez, ele vai falar com o determinado Marcos. Esse exprime de imediato opiniões muito diferentes. Quando o convidado faz um aparte, Marcos lhe explica, num longo monólogo, que ele está enganado — como, a bem da verdade, todos os outros também, exceto Marcos. Mas, assim como Jane, Marcos não faz perguntas ao convidado, não mostra interesse por ele. Com uma desculpa qualquer, o convidado consegue escapar.

Em ambos os casos, a conversa permanece na superfície. Não se forma nenhuma ponte entre o Eu e o Você. Mas, sem a sensação de uma familiaridade de almas, não há simpatia. Jane e Marcos são pessoas inteligentes e percebem exatamente qual tipo de comportamento gera rejeição. Ambos já observaram muita gente que conseguem manter uma conversação de maneira mais adequada e precisam apenas imitá-las. Por que fracassam?

Desviar e provocar — dois círculos viciosos

Jane ainda consegue se lembrar de algumas frases que ela sempre ouvia quando criança. Sua mãe lhe dizia: "Uma menina comportada não retruca". Seu pai: "Quando os adultos estão conversando, você fica quieta". Quando apresentou toda orgulhosa um desenho para a tia, essa lhe disse: "Mas no seu desenho as estrelas estão maiores do que o sol. Faça de novo". Logo ela tinha interiorizado que se fizesse algo por conta própria, receberia bronca. Se ficasse quietinha em segundo plano, ninguém ralharia com ela.

Isso prosseguiu na escola. Ela nunca despertou inveja nas colegas de classe, pois se vestia de maneira a não chamar a atenção e os meninos desejados não se importavam com ela. Os professores a elogiavam como aluna exemplar. Outros eram penalizados — Jane, nunca. Toda confusão evitada reforçava seu comportamento. Com o passar dos anos, Jane percebeu também os lados sombrios. As outras meninas tinham encontros, ela não. Elas cruzavam meia Europa com o namorado e uma barraca. Jane nunca ousaria fazer isso por conta própria. E ninguém nunca perguntou se ela queria ir junto.

Marcos era o mais novo de três irmãos. Os dois mais velhos eram verdadeiros pestinhas. Eles tiravam seus brinquedos e derrubavam sua comida. Os estressados pais se acostumaram a não dar bola às brigas. Quando Marcos vinha chorando até eles, diziam: "Você precisa aprender a se defender". Foi isso que ele passou a fazer, jogando os carrinhos de ferro dos irmãos no pudim e chorando durante tanto tempo à noite até poder assistir aos mesmos filmes do que eles.

Na hora da escola, fisicamente ele era um dos menores. Para não ser posto logo de escanteio, ele se tornou muito desenvolto na fala. Com os anos, porém, passou a perceber que alguns colegas iam mais longe com um comportamento diplomático. A maioria das meninas torcia o nariz para seu falatório. Como Marcos não aceitava um não, algumas acabavam combinando de sair com ele. Mas a maioria pensava melhor e não aceitava.

Conseguimos amealhar alguns êxitos com comportamentos tímidos ou audazes. Senão ninguém se comportaria assim. Tímidos evitam muita confusão. Eles se esgueiram silenciosamente pelas bordas do cotidiano. Os audazes se impõem diante de pessoas não tão decididas quanto eles. Eles alcançam seus objetivos sem muita discussão prévia. O lado ruim: eles não despertam muita simpatia. Quem não precisa obrigatoriamente lidar com eles, vai evitá-los. Outros, que são mais populares, juntam mais pontos com o passar do tempo.

Os genes determinam parcialmente o comportamento tímido ou audaz. O pesquisador norte-americano Jerome Kagan mostrou num estudo que as crianças que já nos seus primeiros meses de vida se mostram mais medrosas em relação a estranhos, quando adultos reagirão em grande parte com hesitação e timidez. Carl Schwartz, da Universidade de Harvard, há pouco pôde comprovar a fonte biológica por meio de pesquisas neurológicas. Ele convocou alguns adultos que Jerome Kagan estudara quando crianças. O centro do medo — uma área cerebral do tamanho de uma amêndoa — reagia mais intensamente à visão de rostos estranhos quando se tratava de alguém que fora uma criança tímida.

Os educadores tendem a intensificar a tendência. Uma criança medrosa fica ainda mais medrosa quando é castigada por suas raras manifestações de rebeldia. Uma criança agitada aumenta sua insubordinação quando os pais a repreendem violentamente. Cerca de um terço das crianças pesquisadas se comportavam de maneira diferente quando adultas. As tímidas ficavam mais autoconfiantes, as agressivas aprendiam a controlar sua impulsividade.

O temperamento congênito não é um destino inevitável. Na infância, o comportamento de Jane e Marcos foi constantemente reforçado. Dessa maneira, iniciou-se um círculo vicioso. Jane tornou-se cada vez mais introvertida; Marcos, mais agressivo e impaciente. Ambos não tinham experiência em ter sucesso a partir de outros comportamentos. E conquistar a simpatia da qual sentiam falta até agora. Muitas vezes, bastam apenas algumas boas experiências com um novo estilo de comportamento para colocar em ação uma série de mudanças positivas.

Novos hábitos em vez de força de vontade

E você? Você sofre de timidez? Ou seus interlocutores se sentem sempre incomodados, porque você não consegue se segurar nos momentos decisivos? Ou será que ambas as coisas? Caso sim, saiba que você não está sozinho. Cada segunda pessoa sente o mesmo e outros 40% já lutaram contra isso no passado. Como você reage quando, mais uma vez, não conseguiu encontrar a resposta certa? A grande maioria faz assim:

1. Você fica matutando e se recrimina em silêncio:
   "Como sou idiota!".
   "Ah, se eu tivesse...".
   "Nunca vou conseguir!".

2. Você decide se comportar de outra maneira da próxima vez:
   "Dessa vez vou...".
   "Quando o encontrar de novo, serei a calma em pessoa".

3. Nessa próxima vez, você age igualzinho a anterior, apesar das proposições. Fica quieto ou faz comentários inapropriados.

Um estilo de comportamento consolidado é algo tão difícil de mudar como parar de fumar ou perder vinte quilos. Pessoas que se livram disso apenas com boas intenções são tão raras quanto a chuva no Saara. Você sabe exatamente o quanto seu comportamento é prejudicial e como seria ótimo mudar. Por que você não consegue?

Existe uma crença muito arraigada de que tudo não passa de uma questão de força de vontade. Quantas vezes não escutamos: "Basta querer!". Infelizmente não é assim. Lembre-se do seu círculo de amigos. Você certamente conhece algumas pessoas que fumam, são gordas, são tímidas ou impulsivas, mas que agem de maneira disciplinada e com muita força de vontade em outras áreas. Elas trabalham até a exaustão, mantêm prazos e até cobrem as faltas dos colegas. Elas estão em condições de ordenar a si mesmas: "Não vou fumar este cigarro". Ou: "Vou até lá falar com aquele desconhecido". Ou: "Eu adoraria dizer o que penso. Mas vou abafar esse impulso".

Dá para confiar na força de vontade quando se trata de uma só ação. Mascar um chiclete em vez de fumar um cigarro agora. Falar com essa mulher em vez de ficar sentado no canto. Continuar folheando os documentos em vez de sair disparando críticas. Resumindo, a força de vontade está sempre apontada para um único objetivo. Na maior parte do tempo, estamos ocupados com tarefas de rotina: escovar os dentes, tomar o café da manhã, ir ao trabalho, fazer compras, descansar... Nessa hora, a força de vontade está inativa. Assim como os músculos, ela precisa de um tempo de recuperação. Por exemplo, quem faz uma dieta segue direitinho o cardápio e toma sua sopa *light* de repolho. Mas em seguida, na frente da televisão, a mão encontra o saco de batatinhas e acaba com todas as boas intenções.

Hábitos são mais fortes do que a maior força de vontade. Dispomos da força de vontade apenas em poucos momentos, bem determinados. Os hábitos irradiam seu poder sem interrupção, desde a hora de acordar até a hora de dormir. Contra eles, mesmo a maior força de vontade não tem nenhuma chance. Não faça uma guerra contra si mesmo. É melhor transformar seus hábitos em aliados:

- Cheque suas convicções. Quais de suas crenças pessoais o levaram a desenvolver seus hábitos?
- Quais novos hábitos você gostaria de desenvolver? Quais convicções teriam de ser mudadas para isso?
- Não tente abafar os comportamentos inadequados. Em vez disso, substitua gradualmente seus hábitos antigos por novos hábitos. Depois de três meses, no máximo, a mudança foi incorporada.
- Comece com mudanças pequenas, simples, que sejam fáceis para você. Registre seus sucessos. Não tenha pressa. A estabilidade da mudança conquistada é mais importante do que transformações rápidas.

Algumas das orientações de maior sucesso das mais recentes psicoterapias — as terapias comportamentais cognitivas — trabalham com essa estratégia. A porcentagem de sucesso no tratamento de medos, fobias e depressões fica entre 70% e 90%. Aquilo que ajuda pacientes com distúrbios severos seguramente vai ajudar pessoas como você e eu. Seja tímido ou atirado — o processo ajuda a ambos.

Cheque suas convicções

Em quais situações você reage de maneira tímida ou agressiva? A maioria se sente desconfortável apenas em situações determinadas. Eu, por exemplo, desde adolescente tinha muita dificuldade em falar com estranhos. Mas na hora de recitar poemas diante da classe, eu me sentia confiante. Mesmo mais tarde, quando dei aula pela primeira vez, senti apenas um pequeno nervosismo, que sumiu totalmente depois de algum tempo. Mas bastava eu ter de ligar para um estranho para incomodá-lo com um pedido, meu coração parecia bater na boca. E nem pensar em falar pessoalmente com o desconhecido! Precisei de muito esforço para superar minha timidez. Desde então, conheci inúmeras pessoas que sentem exatamente o oposto. Eles abordam desconhecidos com facilidade, mas entram em pânico no momento que têm de falar em público.

Quais as situações mais complicadas para você? Quando você se sente completamente exposto, querendo se esconder num buraco? As respostas mais frequentes das pesquisas:

- Abordar estranhos.
- Conversar com estranhos em festas.
- Dar uma palestra.
- Argumentar com os colegas ao defender um projeto.
- Dizer verdades incômodas a amigos.
- Dizer verdades incômodas a estranhos.
- Negar um pedido a um bom amigo.
- Fazer elogios.
- Fazer uma prova.
- Atuar diante de uma câmera.
- Viajar sozinho, ir a restaurante e hotéis sozinho.

O próximo passo é pensar: o que passa pela minha cabeça nessas horas? Provavelmente você não se diz: "Legal! Vou aproveitar que todos estão me olhando.

Agora vou mostrar para eles como sou o máximo". É muito mais provável que uma (ou mais) dessas frases passe pela sua cabeça:

"Ele não deve estar nem um pouco interessado em mim. Ele vai me encarar de cima a baixo e me dispensar rapidinho".

"E se eu ficar vermelho e começar a gaguejar?".

"Claro que eles estão achando ridículo o que estou dizendo".

"Não sou atraente e interessante o suficiente".

"E se ele falar comigo e eu não souber como responder? Afinal, quem começa uma conversa não pode deixar o outro se sentir desconfortável".

Essa lista é quase infinita. Podemos classificar em quatro grupo 90% de todas as convicções que inibem contatos:

Pensamentos negativos sobre mim. Sou tedioso, não sou atraente, não tenho muita experiência, não sou esperto, não sou culto, não sou inteligente... sob qualquer aspecto, os outros são mais interessantes.

Pensamentos negativos sobre os outros. Ele não é interessante, seus problemas são bem diferentes, ele quer ficar em paz, ele quer conversar em mais alto nível.

Ideais exagerados de conversa, irrealistas. Uma boa conversa precisa necessariamente ser espirituosa, animada e informativa, estimular a razão e despertar sentimentos positivos e curiosidade.

Cenários de catástrofes. O outro vai ficar doido, vai me bater com sua bolsa, vai chamar a polícia para se defender de mim. As pessoas ao redor vão rir da minha cara, me bater ou me xingar.

Depois disso, ainda é surpreendente que estranhos raramente conversem entre si? Embora talvez eles também anseiem por mais amigos? Os tímidos evitam qualquer contato desnecessário. Os atirados tentam ficar por cima imediatamente e intimidar seu interlocutor.

Uma conversa iniciada sob essas premissas não tem um bom prognóstico. É difícil falar com um estranho quando você está com medo de ser terrivelmente ridicularizado logo em seguida. Vamos começar analisando com quais convicções iniciamos uma conversa com um bom amigo:

"Em geral, ele é simpático. Ele tem lá suas manias, assim como eu, mas toleramos as fraquezas um do outro. Ele é educado comigo e não fica tocando em meus pontos sensíveis. Se eu ficar vermelho ou gaguejar, ele nunca vai rir da minha cara por causa disso. Afinal, nós dois sabemos que essas coisas podem acontecer com qualquer um, até com ele. E as vezes em que ele não está com vontade de falar comigo, não tem problema. Eu concluo que ele está muito ocupado. Tudo bem, então nos falamos daqui a alguns dias".

Como o nome diz, bons amigos despertam em você essa postura amigável. Por que é tão difícil assumir essa postura também diante de desconhecidos? O escritor russo Tendriakov afirmou: "Durante séculos, os homens aprenderam a desconfiar dos estranhos. Fique alerta, ele pode ser um inimigo! Uma raça lamentável, que vive há séculos nessa desconfiança!". Qual o sentido desse cuidado? Você não conhece o estranho. Ele não é seu amigo. Mas também não é seu inimigo. Pois até agora um não machucou o outro. A postura dele é neutra.

Pense no seu relacionamento com outras pessoas neutras, com as quais você troca algumas palavras eventualmente: vendedores, carteiros, médicos ou colegas distantes. Aposto que você se dirige a eles também com uma postura amigável! Por quê? Lembre-se do capítulo 1: não é preciso uma amizade profunda para avaliar o outro. Um contato único, breve, é suficiente. O sentimento de ameaça, que há pouco ainda era irradiado pelo estranho, some. Ele se dirigiu a você, disse uma frase educada, talvez até sorriu. Ele não o dispensou nem o xingou, muito menos chamou a polícia.

Pessoas sem problemas de estabelecer contatos assumem que os estranhos também são amigáveis. Elas esperam que os estranhos pensem e ajam como seus amigos. Além disso, elas se sentem protegidas pelas regras de comportamento. As pessoas que não conhecemos também as internalizaram durante sua infância. Se eu me dirijo educadamente a uma pessoa, ela vai me responder com educação também. Ela será educada mesmo se disser não. Caso não aja assim, foi ela quem errou — não eu. Pois ela também quer deixar uma boa impressão. É extremamente improvável que ela tenha um xilique ou tente me atacar publicamente. Eu preciso apenas falar com ela seguindo as regras de qualquer livro de boa educação: "Desculpe interromper, mas será que o senhor poderia me dizer...".

Quinze exercícios para transformar-se num profissional na arte de estabelecer contatos

Você não precisa começar aprendendo a ter uma postura amigável em relação aos contatos. Você já a possui. Até agora você a reservou para as pessoas que já conhecia. Transfira essa sua convicção positiva para todos e o sentimento esquisito na hora de abordar um estranho vai desaparecer. Entretanto, não basta ter força de vontade. O velho hábito de fugir dos contatos precisa ser substituído pelo novo hábito de conversar despreocupadamente com todos. Como isso é possível, já que até agora bastava pensar em falar com um estranho para seu coração quase sair pela boca?

Comece com alguns exercícios que são simples até para pessoas muito medrosas ou desajeitadas. Repita-os várias vezes ao dia. Faça isso até que eles tenham se tornado rotina e sejam muito simples para você. Daí, passe para a situação seguinte, um degrau mais difícil. No final, você conseguirá passar por barreiras que assustam a maioria — por exemplo, falar com uma pessoa atraente do sexo oposto e convidá-la para um café. Sem hesitar nem uma partir para uma abordagem tosca.

Execute os exercícios para principiantes mesmo se eles lhe parecerem fáceis. Quase todo mundo consegue perguntar numa loja se a vendedora troca uma nota de cinquenta, caso precise de trocados com urgência. Mas, se você realmente não precisar das notas menores, e perguntar apenas como um teste, a coisa será diferente. Os constrangimentos são maiores, porque sabemos que nossa necessidade é falsa. Entretanto, esse elemento lúdico é importante. Se você quer conquistar simpatia, precisa da capacidade de entrar em contato a partir de um argumento qualquer. Afinal, você quer ser simpático não apenas nas emergências, mas sempre. Além disso, os exercícios básicos devem ser muito fáceis para você conseguir realizar os mais elaborados no futuro. Se seu problema não for timidez, mas um jeito atirado agressivo, as doze lições vão ensiná-lo a conseguir uma reação mais simpática do que antes, por meio de atitudes diplomáticas.

Passo 1: Exercícios básicos
1. Dê uma volta num centro comercial, num campus universitário, num calçadão de praia ou outro lugar cheio de gente. Durante dois segundos, olhe nos olhos de todos aqueles que estiverem a três metros de distância de você e faça um leve aceno de cabeça, como se reconhecesse um velho conhecido. Em seguida, volte a olhar imediatamente para frente. Alguns vão retribuir o cumprimento, outros vão olhar espantados: "De onde ele me conhece?". Outros vão ignorar seu aceno. De modo algum olhe por mais tempo nem aguarde uma reação! Comporte-se de maneira natural, como alguém que está acostumado a cumprimentar seus muitos conhecidos o tempo todo. Para o caso muito improvável de que alguém venha perguntá-lo por que você o está cumprimentando, tenha uma resposta pronta, por exemplo: "Tive a impressão de que já nos vimos algumas vezes por aqui".

2. Tire seu relógio e pergunte as horas a alguém. Não deixe de dizer "por favor" ("Você pode me dizer, por favor, que horas são?") e "Obrigado" depois de receber a informação. Depois de alguns minutos, pergunte a mais duas pessoas.
3. Cumprimente todas as pessoas que podemos cumprimentar segundo as regras de boas maneiras: o carteiro, todos os vizinhos, todas as vendedoras, todas as pessoas com as quais você encontrar no trabalho e em lugares públicos. Dessa vez, não se limite a um breve aceno. Sorria por até três segundos e diga, em alto e bom som: "Bom dia". De preferência, acrescente mais uma rápida observação: "Está frio hoje, não é?" ou "Nada de movimento hoje!". Não espere pela reação aqui também. Olhe para o lado e volte a se concentrar no seu caminho. Cumprimente dessa maneira, todos os dias, pelo menos cinco pessoas que até agora você não havia cumprimentado.

Faça esses exercícios durante uma semana. Tanto faz se as pessoas cumprimentarem de volta ou não reagirem, se lhe disserem as horas com boa vontade ou se se sentirem incomodadas: você ganhará autoconfiança. Você tentou, isso eleva sua autoestima. Você aprenderá a avaliar melhor a reação de estranhos. Você vai internalizar a experiência de que está em condições de entrar em contato com estranhos de maneira simpática e descontraída. Caso alguém rejeite você, isso não será problema. Você logo se acostumará a aceitar rejeições sem se machucar. Essa é uma capacidade importante de pessoas populares. Um "não" não as derruba.

Assim que você conseguir realizar os três exercícios básicos sem hesitar, vá ao passo seguinte. Os exercícios mais complicados para você, que serão executados com uma ligeira taquicardia e um pouco de esforço, são aqueles que se mostram mais proveitosos.

Passo 2: Exercícios do tipo padrão
1. Vá a cinco lojas e compre coisas que você não precisa, por exemplo, um livro, um CD, uma peça de roupa, uma panela ou uma caneta-tinteiro. Antes de pagar, pergunte se a mercadoria pode ser trocada, pois é presente. Peça explicações detalhadas sobre as condições de troca, tire todas suas dúvidas. CDs, por exemplo, são trocados somente se estiverem lacrados em sua embalagem original. Guarde o cupom do caixa. No dia seguinte, volte às lojas e troque a mercadoria, sem se justificar.
2. Ligue para uma biblioteca. Pergunte se há um determinado livro. Se está emprestado ou não. Ligue para três repartições públicas e pergunte pelos horários de funcionamento. Pergunte se determinada repartição é responsável por algum

serviço. Continue perguntando: qual funcionário é o encarregado e qual é sua sala. Você também pode perguntar se a sala de espera está cheia e qual é a previsão de atendimento. A tarefa estará completada quando você tiver feito cinco perguntas em seguida. (Claro que você pode pensar nas perguntas de antemão e anotá-las.) No final, agradeça pelas informações, mesmo se tiver sido tratado de maneira displicente. De modo algum se desculpe pelo incômodo! Ligar é um direito seu. Varie o exercício, perguntando ao menos uma vez por uma atividade que é de responsabilidade de outra repartição. Em seguida, peça informações sobre sua localização, o número do telefone, os horários. Use de toda sua amabilidade para que a telefonista lhe passe as informações.
3. Repita o terceiro exercício básico, mas eleve o grau de dificuldade. Não apenas cumprimente vizinhos, vendedores e colegas, mas troque algumas frases com eles sobre o tempo ou suas atividades. Por exemplo:
- ao vizinho, pergunte se está a caminho do trabalho;
- ao entregador de jornal, pergunte quando começa e termina seu horário;
- à vendedora, pergunte se o ar-condicionado da loja a incomoda;
- ao padeiro, pergunte se ele prefere pães doces ou salgados.

Passo 3: Exercícios de dificuldade média
1. Comece uma conversa na fila do caixa do supermercado. Pergunte: "Esse vinho que você está levando é bom?". Ou: "Onde você achou esse suco?". Pense em pelo menos mais uma pergunta para fazer na sequência. Você pode perguntar pela origem do vinho ou se o suco é natural ou adoçado. Agradeça todas as vezes pelas informações. Repita isso tantas vezes até conseguir iniciar qualquer conversa sem taquicardia e em qualquer momento.
2. Entre numa loja menor e diga: "Você poderia trocar essa nota de vinte por uma de dez e moedas, por favor?". Você pode acrescentar uma justificativa como, por exemplo: "Preciso de um real para a máquina de refrigerantes".
3. A partir desse momento, acrescente a cada conversa que iniciar pelo menos um elogio. Tanto faz se você estiver falando com sua melhor amiga, uma colega ou até com o chefe. Pense de antemão em duas ou três coisas concretas que a pessoa em questão dá importância. Diga, por exemplo:
"Gosto de sua confiabilidade".
"Você explica muito bem as coisas".
"Esse jeans tem um caimento perfeito".
"Não sei como você conseguiu fazer tantas coisas em tão pouco tempo".

Passo 4: Exercícios complicados
1. Aproxime-se rapidamente da fila do caixa no supermercado ou do guichê do metrô. Peça para passar na frente. Estudos provaram que as pessoas tendem a aceitar isso se o pedido vier acompanhado por uma justificativa, mesmo se for esfarrapada. É suficiente você dizer: "...porque estou com pressa" ou "...porque vou perder uma viagem". Alguns vão aceitar, resmungando. Aprenda a suportar os resmungos. Sempre diga: "Obrigado pela ajuda".
2. Fale com seu chefe sobre um pedido. O que você ainda não ousou pedir até agora? Pergunte, por exemplo, sobre um aumento de salário, um computador melhor ou um horário de trabalho diferenciado. Justifique seu pedido com o desejo de poder trabalhar melhor para a empresa.
3. Vá a um bairro fora da região onde você mora. Faça de conta que é turista. Peça informações sobre lugares interessantes ou sobre o melhor restaurante do lugar. Queira saber detalhes: o que há para ver na igreja ou no museu, quando foi construído, quanto é o ingresso. Pergunte ao seu interlocutor se ele já comeu nesse restaurante, como são os preços, quais pratos ele indica. Peça explicações detalhadas sobre o caminho até lá. Repita a descrição, para ter certeza de ter entendido tudo. Novamente, é preciso fazer cinco perguntas em seguida e, desse modo, manter uma pequena conversação.

Passo 5: Exercícios para profissionais
1. Pegue o ônibus ou o metrô fora do horário do *rush*. Sente-se diante de um passageiro que está lendo algo. Comece um diálogo. Pergunte:
"Há algo de interessante no jornal hoje?".
"Você costuma ler revistas especializadas?".
"Trata-se de um romance ou um livro técnico?".
"O livro é bom? Vou viajar depois de amanhã e ainda estou à procura de algo para o trajeto".
2. Vista-se de maneira formal (terno, conjunto de saia e blusa). Arme-se com bloco de notas e caneta. Comece sua pesquisa particular de opinião numa rua movimentada de comércio. Interpele os passantes: "Estou fazendo uma pesquisa para um livro. Como você sabe se uma pessoa desconhecida é simpática?". Ao receber a resposta, anote palavras-chave. Assim o pedestre se sente importante. Agradeça ao final pelas interessantes observações.
3. Fale com uma pessoa atraente do sexo oposto. Nesse meio-tempo, você deve estar tão treinado que consegue começar uma conversa a partir de um pretex-

to dos exercícios anteriores, por exemplo, ao fazer de conta que é turista (Exercícios complicados, 3). Ou fale abertamente: "Você me parece simpático. Posso convidá-lo para um café?". Como mulher, será mais frequente receber um sim como resposta. Se o homem estranho aceitar seu convite, converse amistosamente, mas não se sinta obrigada a passar seu telefone ou marcar outro encontro. Como homem, você irá receber alguns nãos. Diga um "pena" e deseje tudo de bom à desconhecida arredia. Se você mantiver sua postura, ela ficará com uma impressão simpática a seu respeito, e durante alguns dias poderá se lamentar pelo "não" apressado.

Exercício extra: Nunca mais ser ignorado

Depois dos quinze exercícios, você não deve mais se sentir constrangido. Lembre-se da pergunta 18 de nosso teste de popularidade: "Você é ignorado com frequência por garçons, vendedores e funcionários do serviço de informações?". Sugiro um exercício extra, com o qual você vai eliminar esse problema de uma vez por todas.

Da próxima vez que sair para comer, escolha um restaurante famoso pelo mau atendimento dos garçons. Antigamente, você se sentava, esperava e tentava chamar a atenção por meio de olhares e acenos cuidadosos com a mão. Agora você vai trocar a tática. Assim que entrar no estabelecimento, dirija-se ao garçom. Se não houver ninguém à vista, pergunte: "Está aberto?". Então diga a ele: "Você tem uma mesa boa para mim...?". Acrescente, no lugar das reticências, alguma exigência em relação ao seu lugar: com vista para o terraço, onde não há corrente de vento, num canto tranquilo ou longe da entrada. Assim que o garçom indicar uma mesa, recuse-a: "Posso me sentar naquela outra?". Sente-se naquela que você escolheu e peça o cardápio. Não espere que o garçom tenha a iniciativa de trazê-lo. Olhe os pratos de relance e envolva o garçom numa conversa: "Qual é a sugestão do dia? Qual é a especialidade da casa?". Informe-se sobre dois ou três pontos: "As verduras são congeladas ou frescas? Como é o tempero? Tem alho? Posso trocar o arroz por batata?".

Você fica com receio de ser malvisto por causa desse comportamento? Alguns participantes de meus cursos tinham trabalhado como garçons para pagar a faculdade. Uma universitária contou: "Eu achava esses clientes ativos muito agradáveis. A maioria das pessoas nem olha para os garçons. A gente fica o tempo todo andando de lá para cá e não recebe nem um olhar nem um muito obrigado. Como se fosse uma máquina de servir. Eu sempre ficava feliz quando alguém conversava comigo e me fazia perguntas, quando mostrava algum tipo de interesse".

Na próxima vez que você entrar numa loja e a vendedora perguntar: "Posso ajudá-lo?", não responda apenas: "Estou apenas olhando". Mesmo se a intenção for exatamente essa. Acrescente: "Eu queria dar uma espiada num jeans novo (ou num sapato, computador, batom, livro policial)". Você estará dizendo: tenho interesse e (ainda não tenho) intenção de comprar. Se a vendedora não falar nada, mas ficar batendo papo com a colega, vá até ela e pergunte: "Vocês receberam jeans (sapato, computador, batom, livro policial) novos nos últimos tempos?". Ou mais concreto: "Você tem impressoras de menos de 150 reais?". Acostume-se a entrar em contato sem compromisso, antes de começar a olhar os produtos. Você nunca mais vai se irritar com funcionários desatentos.

Como superar barreiras de timidez com mais facilidade

Caso algum exercício em particular seja mais difícil, reflita sobre por que ele apresenta essa característica: Será que você está se sentindo especialmente ridículo, constrangedor ou inadequado ("Isso não se faz!")? Se for o caso, é imperioso fazer o exercício! E durante tanto tempo até você se sentir absolutamente confortável. Para começar, pense numa variação mais tranquila e treine-a. Por exemplo:

- Na hora de pedir troco, aborde primeiro as pessoas num ponto de ônibus para depois ir às lojas.
- Se você ficar constrangido em atrapalhar pessoas que estão lendo no metrô, comece perguntando aos passageiros que estão desocupados sobre algum caminho: "Quero ir à praça do mercado. Onde devo descer?".
- Comece sua pesquisa particular de opinião pelo telefone. Escolha vinte números na lista. Ligue durante um horário aceitável (por exemplo, entre 17 e 18 horas). Se quem atender reagir com irritação, você pode desligar sem ter de olhá-la nos olhos.
- Se pessoas atraentes o intimidam, comece abordando primeiro outras pessoas com o objetivo de conversar com elas durante alguns minutos. Aos poucos, comece esses diálogos inofensivos também com pessoas atraentes.

Imagine outras variações para cada um dos exercícios, a fim de aprofundar seu efeito. Por exemplo:

Caso seu nível de timidez seja alto até para os exercícios básicos, comece fazendo contatos por e-mail. Entre em sites de gente famosa e de pessoas comuns. Você encontra os endereços por meio de sites de busca. Faça perguntas pelo e-mail sobre a presença delas na internet. Ofereça uma justificativa breve pelo seu interesse. Cada resposta obtida fará aumentar sua segurança na hora de estabelecer contatos.

Ligue para uma universidade e pergunte quem é o especialista em literatura alemã. Peça para falar com ele e pergunte sobre a importância das obras de Franz Kafka hoje em dia. Ou quais são os mais jovens autores do período após a reunificação do país.

Entre numa loja de produtos eletrônicos, peça explicações detalhadas sobre um equipamento sofisticado e caro, regateie e, por fim, diga: "Obrigado. Vou pensar". Sem comprar nada.

Frequente palestras públicas de especialistas e políticos. Pense em pelo menos uma questão. Levante a mão assim que a discussão for aberta e faça sua pergunta. Não critique o palestrante, mas peça explicações: "O que o senhor pensa sobre...?".

Ampliar os contatos a partir de conversas informais

Você será mais e mais positivamente surpreendido. Você começará a conversar com o estranho que abordou para o exercício. Como muitas pessoas lutam contra a timidez, dar o primeiro passo certamente abrirá muitas portas para você. Mas o que você vai dizer na sequência, depois de ter apresentado suas perguntas introdutórias, previamente formuladas?

Despeça-se de todas as grandes ideias de conversação. Ninguém espera de você uma profundidade intelectual. Isso passaria a imagem de alguém que quer se exibir. Pelo menos no primeiro minuto, a conversa é informal. Para muitas pessoas, um blá-blá-blá superficial é malvisto. Se ele é tão simples, por que às vezes é tão difícil? No início, é prudente evitar temas controversos e potencialmente explosivos. Como você não conhece seu interlocutor, dessa maneira você evita várias armadilhas. Vamos imaginar que você assistiu a uma palestra sobre engenharia genética. No intervalo, você começa a conversar com a pessoa sentada ao seu lado e diz ser contrário à medicina ortodoxa, à política do partido de direita e à posição do Vaticano. Em seguida, a pessoa revela ser o porta-voz da seção local do partido, católico praticante e médico. Que fora!

Pois agora ambos precisam de muita tolerância para mesmo assim encontrar uma base comum.

É fácil evitar essa armadilha. Em princípio, limite-se a informações pessoais que poderiam constar de qualquer currículo. Sem se tornar íntimo. Fale sobre seu bairro e o do seu interlocutor, estado civil, filhos, profissão, formação, lazer e planos para as férias. Com esses temas, você se mantém do lado seguro. Não há conflitos. Oposições nesses setores não levam a atritos, mas à troca de experiências. Vamos analisar "sujeito do campo encontra morador da cidade" ou "solteiro encontra pai de família": as diferenças são motivadas por essas circunstâncias de vida e não são uma questão de certo ou errado. Durante a conversa, ambos aplacam apenas sua curiosidade em relação ao estilo de vida do outro.

Mas a conversa informal não depende apenas de "O quê", mas também de "Como". Aja como aluno e não como professor. Nesse caso, isso quer dizer: prefira fazer perguntas a dizer como você é bacana. Você se interessa por outras pessoas, por isso quer saber mais a respeito delas. A partir dessa postura, você pode manter uma conversa mesmo se não houver temas comuns. Vamos imaginar que a vida do seu interlocutor gire em torno do futebol, mas você não dá a mínima para esse esporte. Então você pergunta:

"Quando você começou a gostar de futebol? Por qual motivo?".

"O que você acha tão especial no futebol?".

"Para que time você torce? Por quê?".

"Quais são as melhores lembranças que tem desse esporte?".

Aproveite a chance para se informar sobre um assunto diferente em poucos minutos. Além disso, você vai mostrar empatia em relação a uma pessoa que vive emocionalmente num mundo diferente do seu. Uma boa oportunidade para ampliar seus conhecimentos sobre as pessoas. Caso você pense: "O que eu tenho para contar é muito mais interessante do que essa bobagem sobre o futebol", freie esse impulso! Ser ouvinte traz três vantagens:

1. Você não precisa pensar no que dizer.
2. Aquilo que você tem para dizer é algo que você já conhece. Aprender coisas novas só é possível por meio daquilo que o outro lhe diz.
3. Quem ouve passa a ideia de interesse e respeito pelo interlocutor. Assim você desperta simpatia.

Caso você não encontre nada em comum, despeça-se amistosamente depois de dez minutos de conversa informal. Entretanto, caso haja interesses e pontos de vista mútuos, é possível se aprofundar num desses temas. Mas mesmo assim permaneça com a postura de um ouvinte interessado. Por quê? Embora vocês tenham dado os primeiros passos na direção da simpatia, é possível estragá-los com um único comentário desastroso. Depende apenas da sua imagem de simpatia você conseguir transformar seu bônus temporário numa aceitação constante.

PASSO 5
Construa uma imagem de simpatia

Um dos quadros mais famosos do surrealista belga René Magritte mostra uma maçã. Embaixo, está escrito: "*Ceci n'est pás une pomme*", ou "Esta não é uma maçã". Bobagem? De modo algum. Você não está vendo uma maçã, mas a imagem de uma maçã. Embora ela se pareça com uma maçã, você perceberá a diferença no mais tardar ao tentar colhê-la.

Enquanto se trata de frutas, podemos encarar tudo isso com piada inofensiva. Você nunca vai confundir uma maçã com sua imagem. Mas quando se trata das pessoas ao seu redor, em geral é diferente. Você nunca vai saber exatamente o que elas estão pensando e sentindo. Mesmo se abrisse suas cabeças só encontraria massa cerebral. Pense em você. Seus amigos o conhecem intimamente? Você expressa tudo o que sente, sem filtros? Certamente, não. Você quer deixar uma imagem positiva. Por isso, suas mensagens se adequam às pessoas ao seu redor. Às vezes de maneira consciente, às vezes de acordo com nosso humor. Fazemos uma imagem do interior de cada um a partir de seus comportamentos. Uma imagem — o ser humano em si permanece um mistério.

Como formamos a imagem das outras pessoas

No mundo do entretenimento, falamos de "imagem", cujo artista é um produto friamente calculado para a mídia. Nenhum fã sabe ao certo o quanto isso corresponde à pessoa atrás dessa imagem. Gérard Depardieu, por exemplo, não faz apenas o papel do gordo Obelix, mas passa principalmente a imagem do francês que gosta de curtir a vida no estilo "Gérard Depardieu". Certa vez, ele declarou numa entrevista: "Eu amo boa comida, bom vinho e belas mulheres". A cantora Annett Louisan iniciou sua carreira como "Lolita", que dizia a um jovem apaixonado: "Eu só quero brincar". Na verdade, ela tinha quase 25 anos e a letra tinha sido escrita para ela por um homem, o compositor Frank Ramond. A discrepância é possível porque os artistas separam estritamente suas apresentações diante do público da sua vida privada. Seus agentes se preocupam com isso. Quando detalhes picantes de sua vida privada vêm a público, você pode ter certeza: essa "vida privada" é apenas parte de uma imagem cuidadosamente encenada.

Para a maioria das pessoas, a diferença entre imagem e realidade não é tão grande. Mesmo assim, ela existe. Você pode observar isso a partir de um teste simples. Na próxima festa que você organizar, faça o seguinte jogo: todos devem anotar seus três pontos fortes e os três fracos. Como você é o anfitrião, todos certamente o conhecem bem o suficiente para realizar a tarefa. Para que ninguém se sinta constrangido, peça para todos escreverem com letra de fôrma e não se identificarem. Reúna os papéis, misture-os e distribua-os novamente. Ninguém saberá de quem é a lista que está lendo.

O que você vai ouvir são as imagens que seus convidados têm de você. Em alguns pontos, você vai querer contradizer de pronto: "Eu não sou assim! Quem escreveu isso não me conhece!". Mas se você pedir opiniões nesse momento, fará uma descoberta surpreendente. Mesmo sua própria lista — aquela que só você sabe que é sua — vai conter contradições. Alguns vão achar que o autor (ou seja, você) o caracterizou de maneira errônea.

A partir do primeiro impulso, você vai querer rechaçar a crítica à sua própria lista. Afinal, ninguém o conhece tão bem quanto você mesmo. Só você está em contato consigo mesmo durante 24 horas do dia. Mas... cuidado! Em muitos estudos, os psicólogos compararam as avaliações que voluntários faziam de si próprios com os resultados de testes de personalidade. Seu resultado: a grande maioria se supervaloriza ou despreza de maneira exagerada. Nós nos achamos melhores ou piores do que somos na realidade. Mais de 70% acreditam que estão acima da média nos quesitos inteligência, empatia, comportamento, gosto e competência social. Por exemplo, 80% de todos os motoristas acreditam que fazem parte dos 5% melhores condutores. Isso não é possível já a partir dos números. Cerca de 15% se desqualificam. Eles se sentem inferiores.

Como você sabe que é trabalhador, habilidoso, empático ou simpático? Você compara seu comportamento com o das pessoas ao seu redor, calcula um valor médio e verifica se está acima ou abaixo desse valor. Você se acha trabalhador se a maioria de seus conhecidos for mais preguiçosa do que você. E o contrário. Esse procedimento oculta diversas fontes de erro. As duas mais importantes são, em nosso contexto, as seguintes:

- As pessoas com as quais você se compara não são representativas. Como tendemos a nos aproximar de semelhantes, você conhece melhor mais pessoas que lhe são parecidas do que aquelas que são diferentes de você.
- Seu julgamento depende de sua simpatia. Nós nos avaliamos de preferência em relação a pessoas de que gostamos. Novamente são pessoas parecidas com você. Queremos nos diferenciar o máximo possível das pessoas que consideramos antipáticas. Ficamos atentos às diferenças: "Ainda bem que não sou assim!". Nessa hora, é fácil deixarmos de observar alguns traços de personalidade que temos em comum, apesar de toda antipatia.

Essas fontes de erro, porém, são também sua chance. Todos estão sob o efeito de sua sedução, menos você. As pessoas ao seu redor reagem à imagem que você transmite de si próprio. Se você quiser alcançar mais popularidade e simpatia, não precisa reformar toda a sua personalidade. Mantenha-se do seu jeito. Mude apenas sua imagem.

Comece com sua marca

No caminho para uma imagem simpática, determine quatro pontos:

1. O nome de sua marca.
2. As três principais características dessa marca.
3. O tipo da imagem.
4. Os primeiros passos na prática.

Uma imagem funciona como uma marca. Pense nos tipos de café que você conhece. No que eles se diferenciam? Você terá dificuldade em descrever diferenciações marcantes nas sutilezas do sabor. A maior diferenciação está na embalagem, no nome da marca e nos anúncios de propaganda. Uma mostra uma família "de propaganda de margarina", outras trombeteiam *slogans*, a terceira aposta no testemunho de pessoas famosas. Você constrói uma imagem simpática com a mesma estratégia. Primeiro crie sua marca, depois tome medidas práticas de propaganda para sua imagem.

Uma marca é composta por um produto (café) e seu nome. O ideal é que esse nome consiga representar o produto. "Nescafé" é o nome de uma marca, muitas pessoas só chamam o café solúvel assim, mesmo sendo de outra empresa. Outros exemplos são "gilete" (lâmina de barbear), "aspirina" (comprimido para dor de cabeça), "51" (cachaça).

O primeiro passo — criação do nome da marca — é rápido. Você quer divulgar o produto "simpatia" com o nome da sua marca entre as pessoas. Seu objetivo ideal é a unificação de ambos. Quem pensa em simpatia deve pensar no seu nome. E quem escuta o seu nome deve imediatamente associar a característica "simpatia" com você. Pegue uma folha em branco e escreva no centro, ao alto, como título:

João Modelo = Simpatia
Simpatia = João Modelo

Claro que em vez de "João Modelo", você vai escrever o seu nome e sobrenome. Você pode optar por uma solução gráfica, por exemplo, seu nome e a palavra "simpatia" num círculo, como uma cobra que pica o próprio rabo.

Reconheça seus pontos fortes e fracos

O segundo passo é um pouco mais trabalhoso. Trata-se de preencher a palavra "simpatia" com conteúdo. Um conteúdo que combina exatamente com você. Pense em três ou quatro pessoas de quem você gosta. Cada uma delas é simpática por motivos diferentes. Pode ser o jeito amistoso de uma, a discrição da outra, a disposição de ajudar da terceira. E o que você gosta em si mesmo? O que os outros gostam em você? Caso tenha feito o jogo da festa que sugeri no capítulo anterior, você terá bastante material para responder a essa pergunta.

Mas, se não, faça da seguinte maneira: anote numa segunda folha três características que você considera seus pontos fortes e três pontos fracos. Escolha, se possível, formulações neutras e concretas. Você não sabe direito quais são seus talentos? Então pense: quando você se sentiu realmente orgulhoso de si mesmo? Quais crises você administrou com competência? Anote as habilidades utilizadas na época. E quando você fracassou? Quais de suas características contribuíram para isso? Flexibilidade, perfeccionismo, ingenuidade, indecisão? Basta registrá-las e você já está conhecendo seus pontos fracos.

Agora tente encontrar uma formulação positiva para suas fraquezas. Pense que são exatamente os erros que tornam as pessoas simpáticas. Ninguém gosta de perfeccionismo. De uma perspectiva diferente, os pontos fortes acabam mostrando serem pontos fortes. "Pedante" também quer dizer "preciso, pontual, confiável". "Difícil de agradar" também pode ser "dificilmente se altera". Pense em anúncios publicitários. Nenhuma empresa alardeia: "Somos mais caros que nossos concorrentes". Ela diz: "Oferecemos produtos de qualidade para pessoas exigentes".

O próximo passo é saber a opinião de pessoas que o conhecem bem. Ligue para elas e diga: "Tenho que responder algumas perguntas sobre mim. Não sei o que dizer numa delas. Tenho de citar três pontos fracos e três pontos fortes meus. O que você diria em meu lugar?". Peça informações honestas e agradeça no final pela franqueza.

Ao comparar as respostas, incluindo as suas próprias, é possível descobrir uma avaliação que seja coincidente de sua pessoa? Se sim, a tarefa é fácil. Verifique quais características foram mais citadas e quais foram menos citadas. Monte uma lista. Se não, talvez você esteja apresentando a cada pessoa uma imagem diferente de si mesmo. Você tende a adaptar seu comportamento às expectativas dos outros. Nesse caso, "o desejo de agradar os outros" e "grande capacidade de adaptação" seriam duas características importantes de sua personalidade. Além disso, reflita sobre o seguinte: qual dessas pessoas eu quero impressionar favoravelmente com uma imagem de simpatia? Coloque as respostas dela no topo de sua lista.

Destaque suas três principais características

Sua lista pode se tornar bem longa de acordo com o que as pessoas disseram. Comece riscando todas as características que têm pouca influência sobre a simpatia e a antipatia. Entre elas estão a maioria das habilidades intelectuais, artísticas e artesanais. Por exemplo, uma boa memória, alto desempenho esportivo, falar inglês perfeitamente, fazer contas de cabeça, saber consertar tudo em casa e tocar violino como um músico profissional. Mas se você for convidado para festas com seu violão, a fim de animar o pessoal, conserve essa aptidão.

Priorize os pontos fortes que têm influência direta no seu grau de simpatia. Caso fique em dúvida, volte a consultar o primeiro capítulo. Lá você aprendeu que a simpatia depende de:

- Calor emocional.
- Objetividade.

- Disposição ao conflito.
- Capacidade de empatia.
- Proximidade sem sufocamento.
- Previsibilidade.

A antipatia surge de:

- Reclusão.
- Desconfiança.
- Falta de distância.
- Espírito de contradição.
- Egoísmo.

Todos esses fatores se refletem na personalidade. Para facilitar sua escolha, apresento um *check-list* (a seguir). Você possui quais dessas características e quais delas lhe faltam? Registre aquilo que você encontra na minha lista e também na sua dos pontos fortes e fracos. Os opostos da coluna 4 devem facilitar sua autoavaliação. Caso uma característica e seu oposto sejam verdadeiros para você, dependendo do humor e da situação, ela não é adequada à sua imagem. Escolha apenas pontos fortes inequívocos.

Sua lista está composta agora por quantas características? Escolha as três mais importantes. Para tanto, guie-se pelas seguintes reflexões:

Elas deveriam estar bem no topo de sua lista, porque foram citadas por diversas pessoas.

Uma imagem simplifica — e por isso nos limitamos a três pontos — e intensifica. Por isso, escolha características típicas para você, que sejam reconhecíveis num primeiro olhar e facilmente colocadas em prática no dia a dia.

Uma imagem deveria ser harmoniosa. Todos os seus pontos fortes deveriam se relacionar entre si. Dessa relação surge uma imagem clara de sua personalidade. Em relação à "empatia", "habilidade para motivar os outros" e "disposição para aprender", isso quer dizer: essa pessoa é simpática porque sempre escuta o outro. A combinação "persistência", "disposição para aprender" e "intuição" não é clara. Será que ela age mais movida pelos objetivos ou pela emoção?

Pense em sua marca. Observe-a com os olhos de terceiros. Aquilo que está escrito no seu papel é a imagem que você deseja. Certifique-se mais uma vez: você conseguiu identificar três características centrais, positivas e simpáticas que são típicas para você? Ótimo. Quanto mais pontos comuns entre sua imagem e a

Característica	Verdadeiro	Quase verdadeiro	O oposto é mais provável
decisão			indecisão
persistência			condescendência
orientação pelo objetivo			dependente do clima do lugar
talento organizacional			desorganização
concentração			falta de concentração
objetividade			partidarismo
emotividade			frieza
disciplina			falta de controle
habilidade para motivar			sem poder de influência
empatia			distância
disposição para aprender			mania de saber tudo
espírito de equipe			preferência por fazer coisas sozinho
habilidade em resolver conflitos			medo de entrar em conflitos
habilidade para fazer contatos			timidez
criatividade			rotina
seguir a intuição			pensamento lógico, racional
resistência ao estresse			sem resistência ao estresse
impulsividade, espontaneidade			reflexão, planejamento
paciência			impaciência
flexibilidade			rigidez
tolerância			manutenção dos princípios
capacidade de pensar o todo			resolver um problema por vez

realidade, mais fácil será concretizá-los. Mas o que fazer se sua lista não trouxer valores autênticos de simpatia? Escolha duas ou três características que você gostaria de possuir, mas as pessoas ao seu redor ainda não descobriram em você. Nesse caso, você terá de operar mais modificações em seu comportamento para corresponder à nova imagem. Uma coisa, porém, precisa ser evitada a todo custo:

classificar sob a rubrica "simpatia" aquelas características que não têm relação alguma com simpatia. Isso corresponderia a vender gato por lebre.

Determine seu tipo de simpatia

Diferentes personalidades podem ser simpáticas à sua maneira. A ouvinte discreta tem tão boas chances quanto uma pessoa bastante animada e irrequieta ou quanto àquela que está disposta a ajudar. Qual é o seu tipo? Nas perguntas abaixo, assinale aquelas que correspondem a você. Em qual dos tipos você se reconhece mais? Nenhum dos três é superior no quesito popularidade. Cada um deles tem seus talentos especiais, com os quais pode ganhar pontos entre as pessoas ao seu redor. Se você assinalar o mesmo número de perguntas de um mesmo estilo, você é um tipo misto. O resultado desse teste vai revelar a melhor maneira de apresentar as três características principais de sua imagem — de maneira discreta, animada ou obstinada.

1. Quando vou a festas, prefiro conversar com interlocutores que podem me ser úteis pessoal ou profissionalmente.
2. Não gosto de festas. Acabo ficando num canto com um ou dois bons amigos.
3. Quando é para arranjar um presente-surpresa para o aniversário de um colega, sou eu quem tem as ideias e quem sai para comprá-lo.
4. Preciso de incentivos e mudanças. Não suporto a mesma rotina dia após dia.
5. Tento me afirmar a partir do meu desempenho, em vez de ficar alardeando minhas qualidades em alto e bom som.
6. Sei exatamente o que terei alcançado daqui a dez anos.
7. Muitas vezes anuncio uma ideia que tive na hora, sem ter pensado muito nos seus prós e contras.
8. Durante as reuniões, eu raramente me manifesto. Se sou perguntado, dou uma resposta curta e objetiva, em vez de ficar divagando sobre o assunto.
9. Se algo desagradável acontece por causa de um erro meu, fico remoendo o assunto durante dias.
10. Prefiro análises por escrito a discussões espontâneas.
11. Em situações decisivas, tenho a tendência de esconder meu nervosismo falando sem parar.
12. Minhas atividades de lazer também devem ajudar no progresso da minha carreira.

I. O tipo obstinado

Pergunta 1, 6, 9 e 12

Você domina a sua matéria. Você preparou cuidadosamente os passos da sua carreira. Você trabalha de maneira exemplar — mas quanto mais seu desempenho aumenta, maior se torna sua distância às pessoas ao seu redor. Não enfatize tanto seus esforços por desempenho. Você é consciencioso e previsível. Aposte nas seguintes virtudes:

Mostre seu perfil pessoal. Fale menos sobre seus resultados; em vez disso, conte o quanto trabalhou para chegar lá. Como você está feliz e orgulhoso pelo esforço ter valido a pena. Vencedores que afirmam que o sucesso lhes caiu no colo despertam inveja e antipatia. Mas quem se esforçou merece a felicidade.

Você é bom, mas não é arrivista. Tudo bem você contar como chegou ao seu desempenho. Mas nunca diga que você é melhor ou mais eficiente do que os outros. Cite sua parte no resultado, mas também honre a colaboração dos outros.

Reserve tempo e paciência para falar também com pessoas supostamente não importantes. Em primeiro lugar, o impulso para avanços decisivos pode vir de lugares inesperados. Em segundo lugar, as pessoas importantes param de suspeitar que você só quer se aproveitar delas.

II. O tipo animado

Perguntas 3, 4, 7 e 11

Com seu jeito, você conquista facilmente as pessoas. Você parece sempre engajado e decidido. Mas também corre o risco de ser brusco com outras pessoas. Aquilo que para você são considerações menores talvez sejam detalhes importantes, que fazem a diferença entre o sucesso e o fracasso.

Fique atento aos sinais das pessoas ao seu redor — principalmente à linguagem corporal. Mesmo se você, por causa do seu jeito agitado, conseguir conquistar os outros contra a vontade deles para o seu lado, a conta é alta. Ninguém gosta de ter suas opiniões descartadas por meios de frases encorajadoras.

Faça perguntas. Escute todas as opiniões sobre sua sugestão. Não interrompa ninguém, mesmo se isso lhe for difícil. Se sua ideia espontânea tiver sido boa, ela continuará valendo depois da reunião.

Permita que os outros também façam sugestões ou tomem a iniciativa. Em vez de "Vamos todos ao restaurante italiano da esquina", diga: "Para onde vocês vão depois, posso ir junto?". Se todos estiverem indecisos, ofereça uma alternativa: "O italiano ou o grego, o que vocês acham?".

III. O tipo reservado

Perguntas 2, 5, 8 e 10

Já na escola você quase não falava na sala de aula. Mas, se o professor lhe fizesse uma pergunta, você sabia a resposta. Crianças tímidas são consideradas simpáticas. Entretanto, não são levadas em consideração. Esse continua sendo um problema quando adultas. Quase ninguém diz nada de ruim a seu respeito. Ou porque você é considerado simpático ou porque ninguém o nota.

Muitas vezes você esconde a própria luz. Aqui, o seguinte conselho é especialmente válido: considere seus pontos fracos como pontos fortes. Você é o polo de tranquilidade em meio à agitação. Você diz pouco, mas tem o que dizer. Você trabalha de maneira concentrada e com paciência. Se existirem reclamações por sua falta de iniciativa, não reaja mal. Responda com tranquilidade: "Esse é meu jeito de resolver as coisas. Qual é a sua sugestão?".

Não se deixe intimidar. Não diga "Sim, vou fazer", caso saiba que isso não vai dar certo, só para ficar em paz. Em vez disso, peça: "Posso pensar meia hora a respeito?". Durante esse tempo, anote seus argumentos. Escolha formulações objetivas. Se um interlocutor temperamental quiser convencê-lo do contrário, simplesmente bata o pé em relação à sua opinião. Sem argumentar, sem se defender nem se desculpar. Responda apenas: "Apesar disso, acho que...", e repita essa afirmação. Depois de quatro, cinco repetições, sua resistência será levada a sério.

Caso você até hoje tenha evitado festas, aproveite a chance para estar junto das pessoas à sua maneira. Não passe a noite toda com sua melhor amiga. Converse a cada meia hora com uma pessoa diferente. Você não precisa dizer muita coisa. Faça algumas perguntas e deixe seu interlocutor falar.

Teste sua nova imagem de simpatia na prática

Sua nova imagem não é uma personagem. Você não precisa de talento dramático. Sua imagem se apoia em três pontos fortes que você realmente dispõe. Dessa maneira, não será necessário muito esforço para causar uma boa impressão nos outros. Continue sendo você mesmo. Sua imagem não pode lhe emprestar nenhuma personalidade, mas ajuda você a *irradiar* seus lados positivos. Ela determina quais de suas facetas serão colocadas em primeiro plano. Você assume seu verdadeiro caráter, embora reforce alguns aspectos mais do que outros. Por fim, algumas dicas para sair da teoria e chegar à prática do dia a dia.

Comece pequeno. Não saia trombeteando sua nova imagem por todos os cantos. As pessoas que já o conhecem vão se acostumar apenas aos poucos com sua nova maneira de se apresentar. Comece com uma mudança junto a uma pessoa. Espere para ver qual será sua reação. Ela se espantou? Perguntou o que está acontecendo? Elogiou você? Seu comportamento modificado também vai disparar mudanças no comportamento de seu cônjuge. Não é preciso defender suas mudanças! Diga simplesmente "Obrigado!" ao ouvir um elogio. Se seu cônjuge perguntar pelos motivos, pergunte também: "Estou deixando você inseguro? Você esperava que eu me comportasse de que maneira? Você preferiria outra reação de minha parte?". Repita o teste por alguns dias, para ver como você se sai. Estenda, então, sua imagem de simpatia para outras pessoas e situações.

Diga coisas positivas. No começo você ficará inseguro sobre qual a melhor maneira de apresentar sua nova imagem. Comece com a mudança mais simples, de efeito mais rápido. Independentemente de com quem você se encontre, diga coisas positivas assim que algo nesse sentido vier à sua mente. E mesmo que seja muito banal. Diga: "Gostei do seu novo corte de cabelo". Ou: "Como o sol está bonito hoje". No momento, você não está trabalhando numa imagem de inteligência, mas quer ser simpático. Ou seja, alguém que deixa o ambiente leve. Diga coisas positivas com mais frequência do que você fazia antes e acostume-se às reações diferentes das pessoas ao seu redor.

Ignore as coisas negativas. Estudos comprovaram: para desacostumar alguém de um comportamento ruim, é muito mais eficiente não prestar atenção nos vícios do que criticá-los. A crítica gera teimosia e confirma à pessoa que seu jeito mexe com você. Deixe a descortesia do outro passar batido. Em vez disso, elogie aquilo que lhe agrada. Você vai alcançar dois efeitos: os vícios vão desaparecendo gradualmente. E a pessoa vai achá-lo simpático porque você parou de reclamar.

Acione o "receber". Não confunda sua imagem com autoapresentação agressiva. Pense em suas próprias experiências. Se uma pessoa lhe faz uma palestra particular a fim de provar como ela própria é o máximo, você acredita? É mais provável que você aguarde para ver se ela se interessa por seus problemas. Senão, você não vai acreditar em nenhuma palavra do que lhe foi dito. Você não monta a imagem do outro a partir do que ela diz sobre si própria, mas da maneira como ela reage em relação a você. Dessa maneira, não transforme sua imagem numa campanha publicitária para si próprio. Em vez disso, encoraje seu interlocutor a expressar suas expectativas e necessidades. Apresente sua imagem ao reagir às palavras do outro. Comporte-se de maneira objetiva, emocional, motivadora, empática, paciente, disposta a aprender, flexível, tolerante — de acordo com seus três pontos fortes.

Amplie seu horizonte. E se seus colegas e amigos não perceberem sua nova imagem? Caso você tenha mudado seu comportamento com frequência no passado, eles vão achar que se trata apenas de seu novo estado de humor. Nesse caso, teste sua imagem de simpatia primeiro entre os desconhecidos. Deixe o território conhecido. Vá a outro clube, faça compras em outras lojas, bata papo em outras salas da internet. As pessoas que você irá encontrar nesses lugares não têm uma opinião prévia a seu respeito. E você poderá descobrir como sua nova imagem é recebida.

Evite pessoas pessimistas. Trata-se de todas aquelas que o colocam para baixo, sempre estão reclamando de alguma coisa e exercem pressão sobre você. O caminho mais fácil para irradiar simpatia é evitar pessoas antipáticas. Se o contato for imprescindível, limite-se a sinais breves de cordialidade. Famosos populares agem assim. Eles estão sempre rodeados de fãs e protetores. As agências filtram as notícias sobre eles e só lhes mostram as positivas. É claro que os famosos sabem que há muita gente que muda imediatamente de canal quando eles aparecem na televisão, mas eles não ficam pensando muito a respeito. Günter Jauch e Thomas Gottschalk, dois apresentadores de um canal de televisão alemão, somam até dez milhões de espectadores. Na Alemanha, porém, há 38 milhões de casas, das quais 2,2 milhões nem sequer possuem um aparelho de TV. Isso quer dizer que a maioria assiste a programas diferentes ou não assiste a nada. Será que isso influencia em alguma medida o sucesso deles e de seus colegas de profissão? Inspire-se nas grandes estrelas. Mantenha-se junto dos fãs e ignore o restante.

PASSO 6
Monte uma rede de simpatia

Louise trabalha como tradutora de espanhol, português e italiano. Ela trabalha em casa, no computador. Seus trabalhos vêm por intermédio de grandes empresas, que lhe mandam cartas e contratos por e-mail, que ela então traduz. Durante seu horário de trabalho, ela não vê ninguém. Ela não tem colegas. Seu patrão é só elogios em relação à Louise. Ela é confiável e objetiva. Entretanto, ela encontra o chefe apenas duas vezes por ano. Ela não vai mais vezes à cidade, onde a empresa está sediada. Louise mora no interior. Lá, ela tem duas boas amigas; para elas, Louise é a pessoa mais simpática do mundo. Ela sabe ouvir, está sempre de bom humor e disposta a ajudar.

Cássio trabalha no setor de vendas de uma fábrica de máquinas. Ele é tido como frio, arrogante e mal-educado. Quase nenhum dos seus colegas o suporta. Eles se sentem aliviados quando ele tem um trabalho externo. O que acontece frequentemente! Junto aos clientes da empresa, a situação não é diferente. Ah, se o sujeito não fosse tão metido! Eles o recebem porque estão interessados no produto que ele comercializa. Cássio conhece mais ou menos cem pessoas, que ele encontra com regularidade. Entre elas, devem ser apenas cinco que não se importam com seu jeito. São com elas que ele vai tomar uma cerveja à noite e são elas que vêm ao seu aniversário.

Quantidade gera qualidade

Quem é mais simpático, Louise ou Cássio? Num primeiro olhar, o desempenho de Cássio é terrível. Somente uma em cada vinte pessoas o suporta, o que dá cinco em cem. Mas todas gostam de Louise. Infelizmente, essas são apenas três, seu chefe e duas amigas. Ela não conhece mais ninguém. Se compararmos Louise e Cássio, chegaremos a um resultado curioso. Embora Cássio seja antipático, ele conta com mais pessoas que o acham simpático do que Louise.

Popularidade não é apenas uma questão de qualidade, mas também de quantidade. Quem conhece dez pessoas e só é simpática para uma delas, tem um amigo a mais do que aquele que não conhece ninguém. Você se lembra do último passo, que se referia aos famosos? A maioria deles têm mais inimigos do que fãs. Pense numa estrela de TV da qual você não gosta. Você não é o único. Seus amigos também mudam imediatamente de canal quando essa pessoa aparece na tela. Apesar disso, ela tem fãs. Eles podem ser minoria, mas são suficientes para garantir seu salário, ibope e status de estrela.

Por exemplo, quando Dieter Bohlen lançou a segunda parte de sua autobiografia, escrita pela autora Katja Kessler, ele respondeu a perguntas de jornalistas. Um deles afirmou que, em sua opinião, apenas 2% dos alemães se interessariam pelas memórias de Bohlen. A resposta do próprio Bohlen: "2% é perfeito! Pois num total de 80 milhões de alemães, isso daria 1,6 milhão de livros vendidos. Com tal venda, ele seria o rei do mercado livreiro".

Se 2% de simpatizantes tornam Dieter Bohlen feliz, então o resultado de Cássio, com 5%, é duplamente bom. Os 100% de Louise são um sonho. Mas o exemplo também mostra que a porcentagem não é tudo. Quem mantém contato apenas com poucos amigos é facilmente tido como simpático. E quem conhece muita gente, não tem apenas amigos. Apesar disso, o número deles vai aumentar. Simplesmente porque sua oferta é maior.

A utilidade prática disso é clara: não tente ser um bom amigo de todo mundo. É preferível se esforçar para conhecer gente nova o tempo todo. Entre seus contatos, é garantido que haverá alguns que se tornarão bons amigos. O caminho para esse objetivo se chama networking. Trata-se do método da busca orientada por contatos e sua manutenção. Esse método nasceu nos Estados Unidos, a fim de criar uma rede de contatos úteis para assuntos profissionais.

O pensamento básico é: tanto faz se a questão diz respeito ao trabalho, a uma promoção ou a contratos — quando se trata de problemas, preferimos lidar com pessoas que conhecemos e das quais gostamos do que trabalhar com desconhecidos. Por causa disso, seria errado primeiro procurar pelas vantagens e depois pelas amizades. Um networking eficiente acontece da maneira inversa. No começo, você procura por contatos e simpatia. Somente depois que a relação estiver estabilizada você poderá pedir ao novo conhecido para ajudá-lo num problema. Assim você evita a impressão de apenas usar os outros. O básico é a simpatia.

Descubra seus contatos preferenciais

Redes de contatos não são uma coleção casual de gente parecida. Antigas amizades podem ser um ponto de partida. Vamos supor que você ainda tem contato com uma antiga amiga de escola, troca palavras amáveis com seu vizinho, se dá bem com os colegas do local em que trabalha e fala com regularidade ao telefone com seus irmãos e primos. Listando o nome dessas pessoas numa folha de papel, você terá a relação dos seus contatos de primeiro nível.

Essas relações lhe trazem dois tipos de vantagens:

Pessoais. Quais as virtudes que você aprecia nessas pessoas? Uma delas o ouve quando você está com problemas. A segunda dá festas ótimas e vocês dividem as mesmas atividades de lazer. A terceira está sempre pronta para ajudar, independentemente da hora. Com a quarta, você pode passar horas conversando sobre o passado, porque vocês dividem boas recordações.

Práticas. Alguns amigos têm conhecimentos úteis. Um entende de computador e pode ajudar na hora de eliminar um vírus. O outro sabe consertar as coisas. O terceiro acompanha você na natação e no ciclismo. Claro que você iria gostar dos seus amigos mesmo se eles não dispusessem desses talentos. Apesar disso, é prático que eles os tenham.

Liste os pontos fortes pessoais e práticos de seus amigos na lista dos contatos de primeiro nível. Assim você tem uma boa base de partida para montar sua lista de contatos preferenciais. De quais talentos pessoais e práticos você poderia fazer bom uso? Seguem algumas sugestões para o uso pessoal. Procure alguém que:

- Saiba ouvir bem.
- Faça elogios e acredite em você.
- Tome a iniciativa de ligar para você mesmo sem motivo.
- Apoie você em vez de só ficar desfiando conselhos.
- Conheça as pessoas e tenha experiência de vida.
- Goste de tirar férias no mesmo lugar que você.
- Esteja disposto a fazer coisas em conjunto.
- Organize boas festas.
- Considere os próprios amigos como seus amigos.

Segundo um estudo de pesquisadores ingleses, a rede de contatos ideal é formada de, no mínimo, dezoito ajudantes para todas as situações da vida. Pais, colegas e vizinhos também contam. Quando se trata de uma tarefa prática, não pergunte apenas pelas habilidades úteis. Será que seus futuros amigos também estão dispostos a empregá-las em outros momentos? Um exemplo: você é paciente de um médico e de um dentista, com os quais se consulta regularmente. Você se sente bem acompanhado e também recebe atenção. Agora, vamos supor que seu médico sugira uma terapia muito cara para um problema de saúde. Parece que seu médico também está querendo ganhar com o procedimento. Você teria a quem perguntar se o gasto vale a pena? Um amigo médico talvez lhe dissesse: "Essa terapia é cara e tem seus riscos. Se ficar sem tratamento, o sintoma regride totalmente em metade dos pacientes depois de um ano. Há tratamentos alternativos mais em conta, que ajudam na cura natural do corpo. A taxa de cura nessa terapia de luxo fica em torno de 50%".

Seu amigo médico vai preferir manter a simpatia mútua a ficar endeusando seus conhecimentos técnicos. Seu conselho profissional sempre é honesto e de boa vontade. Para quais áreas você poderia fazer bom proveito de contatos de amigos? Seguem alguns exemplos:

- Veterinário (caso você tenha um animal de estimação).
- Advogado.
- Psicólogo.
- Funcionários de órgãos de comunicação (revistas, rádios, canais de tevês).
- Mecânico.
- Outros trabalhadores especializados.
- Securitário.
- Especialista em finanças e imposto de renda.

Você não precisa conhecer todos pessoalmente. Pergunte se seus parentes ou amigos têm esses contatos. Se necessário, eles farão a ponte. Não é por acaso que o termo técnico para a manutenção de contatos dirigidos é "rede". Você está no centro de sua rede de contatos. A rede é composta por muitos nós. Você tem acesso a poucos deles, que estão mais próximos. Os mais afastados são acessados indiretamente, por intermédios de seus melhores amigos. Quando necessário, eles os ativam para você. Se isso não for suficiente, esses contatos dispõem de outros contatos. Quantos pontos você precisa percorrer para acessar uma pessoa muito distante, como, por exemplo, Bill Clinton ou um astro de Hollywood?

O mundo tem seis esquinas

A surpreendente resposta é: seis. Por meio de seis contatos você tem acesso ao mundo todo. Devemos essa descoberta a Stanley Milgram. Em 1967, o professor de Harvard entregou algumas cartas a pessoas selecionadas por acaso em Omaha (Nebraska), no Meio-Oeste dos Estados Unidos. Essas cartas estavam endereçadas a um destinatário em Massachusetts, na Costa Leste. Elas não deveriam ser enviadas pelo correio convencional, mas ser entregues em etapas, por intermédio de amigos. Seis estações foram suficientes para que as cartas chegassem ao seu destino, embora o remetente em Nebraska não conhecesse pessoalmente nem o primeiro ponto da cadeia. Descobriu-se que a melhor estratégia foi entregar a carta a um amigo que morava mais próximo do local de destino.

Em 2002, Duncan Watts, da Universidade Colúmbia, em Nova York, desenvolveu um modelo matemático para essa experiência e publicou-o na renomada revista científica *Science*. Ele conseguiu comprovar que a regra dos seis pontos vale no mundo todo. Cada um de nós está ligado a diversas redes. Seu círculo de amigos provavelmente forma uma rede diferente daquela de seus colegas de trabalho. As duas redes são ligadas apenas por você. Watts calculou que, com seis pontos, qualquer rede alcança outra. O teste foi feito a partir de um elemento contemporâneo, o e-mail. Ele pediu a voluntários que alcançassem eletronicamente 18 pessoas-chave em 13 países por meio de encaminhamento de mensagens eletrônicas.

A maioria das 384 mensagens que chegou ao seu destino precisou de apenas dois pontos intermediários. Entretanto, eram alguns milhares de mensagens sendo testados. A maioria se perdeu porque os contatos intermediários eram preguiçosos demais para participar da experiência. Isso explica o seguinte enigma: se seis escalas são suficientes para entrar em contato com um astro pop ou do cinema, por que tão poucos fãs se aproveitam dessa chance? A resposta é a seguinte: a existência das seis escalas das redes não é suficiente. Todas as seis pessoas da rede precisam estar dispostas a ativar seus relacionamentos em seu favor.

O teste "será que ele iria mesmo"

Recordo-me de um programa de conselhos na televisão. A apresentadora fazia uma pergunta: de quantos contatos você precisaria para se encontrar com Günther Jauch, outro apresentador famoso da TV? Meu primeiro pensamento foi: no meu caso, isso seria muito fácil. Alguns meses antes, um jornalista da produção do programa de Jauch havia me telefonado. Ele estava preparando um programa para o canal Stern TV e fez algumas consultas comigo. Eu precisava apenas ligar para ele e, dessa vez, seria eu a pedir um favor — de me colocar em contato com Günther Jauch.

Meu segundo pensamento, entretanto, foi: será que ele faria isso? Não seria muito mais fácil se livrar de mim com uma desculpa qualquer, falando sobre a falta de tempo de Günther Jauch? Ou de que ele não tem nenhum acesso pessoal ao chefe? Vamos assumir que um dos meus amigos me pediria para ser colocado em contato com Günther Jauch. Se eu ligasse para o jornalista e lhe contasse sobre o desejo do meu amigo, o que será que ele responderia? "Claro, sem problema?" ou "Vinte pessoas por dia me pedem isso".

Por um lado, muitos contatos geram mais simpatia. O exemplo de Louise e Cássio mostrou isso, no início. Por outro lado, apenas contatos que se baseiam em simpatia valem a pena. O último exemplo é a prova. Não adianta colecionar cartões de visita de muitos encontros superficiais. A questão decisiva é: essas pessoas estão interessadas em você, a ponto de lhe fazerem um favor quando necessário? Reflita sempre: essa pessoa se tornaria ativa por mim? Por essa razão, construir uma rede valiosa exige dois passos:

Procura por contatos: Entre em contato com muitas pessoas. Avalie da maneira mais rápida possível qual delas pode ajudá-lo ou não.
Manutenção dos contatos: Não adianta só listar os contatos. É preciso desenvolver relações de simpatia e interesse. Assim, vocês estarão dispostos a se ajudar mutuamente.

Os três obstáculos do networking eficiente

Três obstáculos atrapalham o caminho para uma grande rede de bons amigos:

Inibições. Você não ousa oferecer sua amizade a estranhos? Você supera essa dificuldade com os exercícios antitimidez do passo 4. Acostume-se a se dirigir às pessoas o tempo todo — mesmo se for para perguntar pelas horas aos passantes cinco vezes ao dia. Depois de duas a seis semanas, esse hábito terá vencido suas inibições de contato.
Falta de tempo. Você está disposto a abrir mão de um trabalho importante ou de um filme emocionante na TV para se encontrar com pessoas? Para conversar durante duas horas sobre banalidades? Leve na esportiva. Médicos da universidade de Harvard descobriram que um grande círculo de amigos tem o mesmo peso no aumento da expectativa de vida do que o esporte. No curto prazo, procurar por contatos pode custar tempo. No longo prazo, o investimento de

tempo nos amigos vale mais a pena do que qualquer trabalho extra que você assuma para contar pontos na empresa. Batalhadores solitários tentam impulsionar seu trabalho com um esforço extra. Todos os outros apostam na "vitamina C(ontatos)". Chefes de departamento de pessoal também são seres humanos. Eles preferem confiar em dicas de bons conhecidos do que currículos impressos de desconhecidos. Quem não tem bons conhecidos, fica de fora. Independentemente do quão pouco tempo você disponha, invista na manutenção dos seus contatos! Vale a pena.

Falta de oportunidade. Falta de contatos é um círculo vicioso. Quem conhece muitas pessoas, recebe convite para festas, nas quais ele conhece ainda mais gente. Quem não conhece ninguém nunca é convidado. Ele sai sozinho, sentindo-se sempre um intruso. Caso você se encontre nessa situação, aja de acordo com o lema: Quem não recebe oportunidades, cria as próprias oportunidades. Pesquisei as melhores dicas entre os profissionais do networking e as resumi aqui.

As melhores dicas de contato dos profissionais do networking

Entre na página da sua cidade na internet. Estude o calendário de eventos. Quais deles são abertos, de baixo custo e permitem com que seus visitantes entrem em contato uns com os outros? Preste atenção em feiras, lançamentos de livros, aberturas de exposições, palestras com debates, dias de "porta aberta" e festividades de todos os tipos. Também pense de antemão em três perguntas sobre o tema anunciado que você poderia fazer quando estivesse no lugar. Vá ao evento e converse com outro participante. Diga: "Estou aqui pela primeira vez. Você sabe qual é a programação da noite?". Para manter a conversação durante mais tempo, faça mais perguntas: "O que você sabe sobre o organizador? Qual seu interesse no tema de hoje?".

Caso você encontre conhecidos por lá, não fique grudado neles. Peça para ser apresentado a outras pessoas. Converse, no máximo, durante meia hora com cada uma. Em seguida, peça para ser apresentado para mais alguém. Ou apresente-se você mesmo: "Sou... Infelizmente não conheço quase ninguém por aqui".

Você não sabe sobre o que conversar com um estranho? No lançamento de um livro, pergunte se seu interlocutor já leu algo do autor. Num *vernissage*, peça a opinião sobre os trabalhos expostos. Durante uma feira, a primeira pergunta trata do produto que a pessoa está comprando ou vendendo.

Eventos fechados que distribuem convites são uma oportunidade excepcional. Tente conseguir um convite desses. Em geral, não é tão difícil. Ligue na secretaria do organizador. Diga: "Me interesso pelo seu tema. Você poderia me ajudar a participar do evento?". A resposta frequentemente será: "Sim, claro, vou lhe enviar um convite". Ou porque alguns convidados não confirmaram presença ou porque há convites sobrando. Os organizadores ficam satisfeitos com todos que participam por interesse. Afinal, a maioria é obrigada a participar por razões profissionais. Quando estiver no evento: seu status de pessoa de fora é um ótimo gancho para uma conversa. Diga à pessoa sentada ao seu lado: "Sou apenas convidado e estou aqui pela primeira vez. Quem é o palestrante? Qual sua função? O que você sabe sobre ele?". A partir daí, é fácil conduzir a conversa para a área de trabalho do seu interlocutor.

As pausas são sua chance. Não fique parado sozinho num canto. Pegue seu café e vá ao encontro de uma pessoa que não está falando com ninguém no momento. Comece novamente: "Sou novo aqui. Você pode me dizer algo sobre os outros participantes e o motivo do evento?".

Todos estão em grupinhos e só você está de fora? Não é motivo para continuar assim! Aproxime-se e diga: "Desculpe, eu ouvi você falar sobre a palestra anterior. Estou pela primeira vez aqui e não conheço ninguém. Quais são as outras atividades do palestrante?". Mesmo se o grupo não estava discutindo sobre a palestra, mas apenas jogando conversa fora, sua pergunta será respondida. E, para continuar a conversa, engate uma segunda pergunta: "O próximo palestrante, você o conhece?". Em seguida, pergunte às pessoas do grupo quais as razões que as fizeram participar do evento. Se tudo correr bem, você logo chegará numa conversa interessante sobre as profissões e os interesses de todos.

No final, não suma imediatamente, mas permaneça um tempo no recinto. Ali, você encontrará outros participantes para conversar sem a pressão do tempo. Pergunte sua opinião sobre uma, duas afirmações que ficaram na sua memória.

Na empresa, você atende a todas as reuniões oficiais, mas evita festas ou o bate-papo dos colegas na cantina? Altere suas prioridades. As coisas importantes são transmitidas pelos canais não oficiais. Lá também são feitos os contatos decisivos. Você só vai se relacionar de maneira distante com seu chefe nas reuniões. No elevador, nos intervalos ou no estacionamento, você pode falar com eles cara a cara. Numa oportunidade dessas, não siga em frente sem falar nada. Pense de antemão numa pergunta para ser feita nesses momentos. Ou ao menos se apresente: "Bom dia, senhor/senhora... Sou (seu nome) e trabalho aqui como... na seção...". A duração do contato não importa — numa próxima vez, você poderá partir desse ponto.

Mais oportunidades na procura por contatos

Você mora num canto perdido do país, sem quaisquer eventos num raio de 50 quilômetros? Ou sua liberdade de movimentos tem muitas restrições — porque você está doente, tem uma deficiência física ou está preso entre as quatro paredes por causa de filhos pequenos? Graças ao telefone e o e-mail, hoje em dia é possível organizar uma rede a partir da própria casa.

Quem você conheceu um dia, mas perdeu de vista? Faça uma relação, dos amigos do jardim de infância, passando pelos colegas de faculdade e até contatos profissionais superficiais. Uma enquete norte-americana apontou que 80% das pessoas conseguiram o emprego de seus sonhos não por meio de amigos próximos, mas de conhecidos distantes. Por essa razão, junte tantos nomes quanto possível. Tente encontrar os endereços e os telefones atuais dessas pessoas. Use os buscadores da internet. Pergunte aos conhecidos. Escreva tudo o que você sabe sobre essas pessoas e o que você acabou de descobrir — de dados pessoais até lembranças de eventos compartilhados. Reporte-se a isso, quando ligar: "Acabei de me lembrar como, há doze anos, nós... Fiquei me perguntando o que você estaria fazendo hoje".

Quando liguei para uma antiga conhecida, depois de quinze anos, ela se mostrou favoravelmente surpresa com o fato de eu ainda saber em qual rua ela morava naquela época. Nada foi mais fácil do que isso — eu somente dei uma olhada na minha antiga agenda. Mas a maioria também fica contente com a lembrança, mesmo sem essa preparação. Converse por alguns minutos e combine uma ligação mais longa para dali a poucos dias. Mais tarde você terá a chance de inserir, por intermédio de seus antigos amigos, outros conhecidos do passado em sua rede, ou até de fazer amigos novos.

A internet é uma plataforma maravilhosa para conhecer novas pessoas. Ela oferece mais do que sites de relacionamento para o grande amor. Inúmeros grupos e pessoas sozinhas procuram por gente parecida. Você se interessa por que tipo de pessoas? Cavaleiros amadores? Fãs de futebol? Aficionados por arte? Entre com as palavras-chave correspondentes num site de busca e visite algumas páginas. Caso alguma delas pareça interessante, envie um e-mail e peça mais informações. Você vai encontrar inúmeras pessoas que, como você, estão à procura de novas amizades e proximidade. Não saia dando seu endereço e telefone logo de cara. Na eventualidade de encontrar um maluco, é possível interromper o contato, mudando de e-mail. Melhor ainda: para esses casos, crie um endereço diferente de e-mail.

Você encontrará até redes especiais, ou seja, sites na internet que têm por objetivo colocar em contato pessoas que não se conhecem para se ajudarem. Certamente haverá redes que combinem com seu perfil. Cheque se existem redes para sua profissão, suas atividades de lazer, ou formandos de sua faculdade. Mande um e-mail no qual você se apresenta como um igual.

Tente sempre se dirigir a uma pessoa específica. E-mails a organizações acabam caindo em seções que lidam com o público e têm de responder milhares de correspondências, em geral na forma de respostas padronizadas. Isso vale também para a maioria dos famosos da mídia e da política. Os e-mails que você encontrar por meio da internet são gerenciados por seus agentes. Nesse caso, é melhor ligar para a agência e tentar explicar, numa conversa pessoal, por que você está procurando o contato. Ou vá atrás de alguém, na sua rede, que conheça o e-mail particular da pessoa em questão.

Como escolher os contatos certos

Na busca por contatos, o que vale primeiro é a quantidade. A melhor coisa a fazer é conhecer o máximo de pessoas possível. Durante trinta minutos de bate-papo — ou depois da troca de dois, três e-mails —, você toma a primeira decisão. Vale a pena estreitar o conhecimento? Saber a medida certa exige sensibilidade. Se você aceitar muita gente, mais tarde não vai ter tempo para manter todos os contatos. Se você for muito crítico, pode ser que alguns contatos valiosos não sejam levados em consideração. Mais tarde, você vai se cobrar por essa falta.

No começo, é melhor pecar pelo excesso na hora de construir sua rede de contatos. Assim que você passar a ter dificuldades em lidar com o tamanho do seu círculo de amigos, deixe alguns contatos menos promissores adormecerem. Em geral, basta você não se manifestar mais. Se o outro ligar para você, diga: "No momento, estou quase sem tempo. Talvez em janeiro. Vamos nos falar nessa época".

Se você perceber já nos primeiros momentos que a química não funciona, encerre a conversa depois de alguns minutos com uma desculpa. Por exemplo:

"Já são dez horas? Preciso ir".

"Onde fica o banheiro aqui?".

"Vou buscar mais alguma coisa no bufê".

"Por favor, me desculpe. Estou vendo uma colega lá do outro lado e eu preciso falar com ela sem falta".

"Você conhece o palestrante? É possível você me apresentar a ele?".

Você sabe avaliar amigos rapidamente? Ou depois de meia hora ainda está inseguro, sem saber com que tipo de gente está lidando? Freie seu impulso de contar coisas demais. Pergunte ao seu interlocutor onde ele mora, em que trabalha e quais são suas atividades de lazer. Enquanto ele fala, atente para os seguintes sinais:

Depois de alguns minutos, ele devolve as suas perguntas, querendo saber sobre sua profissão, local de moradia e atividades de lazer? Ou ele o considera apenas uma espécie de público e usa a chance para ficar se exibindo?

Ele responde todas suas perguntas ou se esquiva? Ou ele tende ao outro extremo e acaba entrando em detalhes íntimos — qual é o caso do chefe, com quem ele gostaria de ter um caso, quem é inimigo de quem, quais as intrigas de bastidores do lugar?

O quanto vocês têm em comum nos quesitos, interesses, estilo de vida e valores? A partir daí você pode prever se a amizade vai se consolidar em longo prazo ou se vocês vão se estranhar.

Ele tem talentos ou contatos úteis? Isso poderia ser um motivo para relevar pequenas deficiências em sua personalidade. Um exemplo: provavelmente você mantém distância das pessoas muito exibidas. Mas se o sujeito vive dizendo aos quatro ventos que tem relacionamentos importantes, essa característica poderia ser uma vantagem para você. Pois ele faria de tudo para mostrar como os contatos dele resolveriam facilmente o seu problema.

Se vocês se derem bem, sugira manter o contato. Muitas vezes isso não passa de boa intenção. Vocês trocam cartões de visita. Chegando em casa, você guarda o novo cartão numa gaveta qualquer, onde outros cinquenta estão mofando. Depois de três meses, ao dar uma olhada na gaveta, você se pergunta: "Jorge Müller? Quem era esse cara?". No mesmo momento, Jorge Müller está olhando para o ser cartão e faz a mesma pergunta em relação ao seu nome.

Profissionais em montar rede de contatos evitam o esquecimento. Leia o cartão de visita no momento que o receber. Faça perguntas do tipo: "O que significa essa abreviatura no nome da sua empresa? Trata-se de uma filial ou é a sede? Essa rua fica no centro ou mais afastada?". Em contrapartida, ofereça algumas informações suas. É muito possível que depois de alguns meses, quando vocês olharem novamente para os cartões, ambos se lembrarão da conversa.

Caso você faça questão de estilo e elegância, deixe uma impressão duradoura com a seguinte variação: mande fazer cartões de visita com apenas o seu nome impresso. No máximo, mais a profissão. Ao entregar o cartão, complete os dados a mão. (Caso sua letra seja difícil de ser lida, use letras de fôrma.) Isso tem várias vantagens:

- Você pode decidir na hora quais dados quer divulgar. Você pode escrever apenas seu endereço comercial ou apenas o residencial. Ou se limitar ao e-mail e número de celular.
- Seu cartão não é comum. Por causa disso, seu interlocutor vai se lembrar de você mesmo dali a seis meses.
- Como você está com uma caneta em mãos na hora da troca de cartões, aproveite para anotar duas ou três informações importantes que seu interlocutor lhe passou sobre o cartão dele. Ou você anota, à vista dele, quando vocês pretendem retomar o contato. Seu interlocutor vai se impressionar com a importância que você está conferindo ao contato de vocês.

Lembrar-se dos nomes — o método do diálogo

"Tenho dificuldade em guardar nomes e rostos." Essa é uma desculpa frequente quando as novas amizades não acontecem. É constrangedor perguntar: "Como você se chama?" e ouvir como resposta: "Sou Anita, nós nos sentamos lado a lado anteontem na palestra e conversamos um pouco no intervalo".

Uma das regras mais simples para aumentar sensivelmente seu grau de simpatia é a seguinte: chame seu interlocutor pelo nome. Diga à sua amiga Anita não apenas: "O que você achou do filme?", mas: "Anita, o que você achou do filme?". Essa pequena diferença faz milagres. Temos um relacionamento emocional com nossos nomes. Ele nos diferencia da massa dos seres humanos. Quando o ouvimos, sabemos: estão falando comigo, com mais ninguém. Trata-se de um alimento e tanto para a autoestima.

Mas para isso você precisa conhecer os nomes. Numa festa, você acaba fazendo contato com mais de dez pessoas em poucos minutos. Como ter certeza de que entendeu a pronúncia correta de todos os nomes? E como guardá-los na memória? Por que temos dificuldade em nos lembrar de nomes?

Nomes são obra do acaso. Eles não definem nenhuma característica da pessoa em questão. Seu significado não tem importância. Uma mulher que foi apresentada a você como "Rosa dos Santos" não é uma flor e não é uma santa. Não é de espantar que nosso cérebro não dê muita atenção aos nomes, esquecendo-os com facilidade. Para contrabalançar isso, os especialistas em memória desenvolveram sistemas inteligentes com os quais é possível se lembrar de centenas de novos nomes e aparências. Em geral, eles são usados apenas por profissionais — políticos, chefes de departamento de pessoal, diretores de escola —, que têm de lidar com grupos grandes e que mudam muito. Quem raramente precisa gravar mais de dez novos rostos por vez pode fazer uso de ajudas mentais que não exigem muito aprendizado. A mais simples é o método do diálogo. Você aproveita o diálogo que aconteceu durante o contato para gravar o novo nome:

Esteja preparado para novos nomes. Você entra numa festa e cumprimenta dezenas de pessoas. Elas murmuram rapidamente o nome, mas o barulho de fundo abafa a metade. Não é à toa que você não consiga se lembrar de nenhum! Depois do quinto, você certamente já se esqueceu do primeiro. Prepare-se mentalmente para a situação e tente prestar atenção nos nomes e nos rostos.

Repita cada nome na conversa em que uma pessoa estranha lhe é apresentada. Isso não apenas auxilia a memória como também lhe garante atenção e simpatia. Você começa o diálogo.

"Boa noite, sou... E a senhora?"

"Judith Hansen."

"Judith Hansen? Prazer em conhecê-la."

Acostume-se a dar uma resposta que lhe permita repetir em voz alta cada nome que ouvir. Isso tem três vantagens: você é obrigado a prestar atenção no nome, tem certeza de tê-lo compreendido corretamente e é mais fácil de gravá-lo. O efeito na memória é ainda maior se você explicitar na conversa a relação mental que o nome lhe despertou.

"Judith Hansen? Parece-me um nome do norte da Alemanha, as cidades da liga hanseática... A senhora é de lá?"

"Judith Hansen? Fui colega de um Waldemar Hansen na escola."

Você vai se lembrar dessas associações mesmo depois de semanas. Se a situação permitir, apresente-se com seu primeiro nome. É mais fácil se lembrar deles, pois há menos primeiros nomes do que sobrenomes e já ouvimos quase todos eles alguma vez.

No caso de nomes incomuns, faça imediatamente uma pergunta: "Szeblylski? Que nome diferente! Não conheço ninguém que se chame assim. De onde ele é? Como se escreve?". Uma conversa breve dessas é uma ajuda maravilhosa para a memória.

Para se lembrar do rosto, atente para características chamativas. Imagine-se fazendo uma caricatura do rosto de seu interlocutor. Testes comprovaram que nos lembramos mais facilmente de traços exagerados do que dos rostos originais. Acrescente essa caricatura à sua imagem mental do nome dessa pessoa.

Lembrar-se dos nomes — o método profissional

As pessoas que gravam cinquenta ou mais nomes de uma só vez usam o método profissional. Eles classificam as imagens mentais em sistemas de categorias preestabelecidos. Mais de 90% dos nomes podem ser classificados nas seguintes gavetas.

Igualdade de nome. Se você já conhece alguém com o mesmo sobrenome, imagine que seu novo conhecido é da mesma família.
Conceitos individuais concretos. Uma parte do sobrenome tem um significado que é possível determinar ainda hoje. Entre os mais frequentes, estão:

- Profissões: Ferreira (de ferreiro), Leite (de leiteiro).
- Animais ou plantas: Pereira, Coelho, Pinto, Oliveira, Carneiro.
- Lugares: Hungria, Russo, Rezende, Silva (da selva).
- Objetos: Stein (pedra, em alemão), Nagel (unha, em alemão).
- Adjetivos: Branco, Salgado, Dourado, Redondo.
- Primeiros nomes às vezes também são sobrenomes: Jorge, Ricardo, Regina.

Em todos esses casos, basta criar uma imagem do conceito original como apoio à memória. No caso de sobrenomes ligados a profissões, imagine a pessoa com um elemento característico. Por exemplo, um homem com uma forja (para Ferreira). No caso de sobrenomes vindos de adjetivos, aplique esse adjetivo concretamente à pessoa na sua imagem mental. Se você conhecer pessoas com o mesmo sobrenome, imagine uma foto de todas elas juntas.
Sobrenomes curiosos. Muitos sobrenomes não são coincidentes com alguns termos do dia a dia, mas podem gerar associações interessantes com um pouco de criatividade: Rizzo, Kiss, Módolo, Natali etc. Ou seja, no primeiro caso, lembre-se da pessoa rindo; no segundo, de ela ouvindo um rock pesado — e assim por diante.
Conceitos individuais abstratos. Alguns sobrenomes têm significados compreensíveis, mas você não sabe criar uma imagem para eles: Florido, Sommer, Eden etc. No caso do senhor Winter, pense na pessoa em meio a um inverno congelante; a senhora Sommer ficaria bem na praia. O senhor Eden pode ser ligado a uma imagem religiosa.
Sobrenomes com combinações. Muitos sobrenomes são (ou parecem ser) uma combinação de duas palavras. Eles convidam para imagens combinadas.

Sobrenomes sem significado. Sem pesquisa, o significado de alguns nomes permanece oculto. Isso se aplica à maioria dos sobrenomes estrangeiros. Se você associou todos os outros nomes de seus novos conhecidos a imagens, vão sobrar apenas alguns poucos para essa última categoria, mais complicada. Grave esses nomes com o método do diálogo, perguntando pela origem do nome ou anotando-o. A pessoa deve estar acostumada com essa dificuldade dos outros em relação ao seu nome.

Mantendo os contatos com facilidade

Se você aplicar todas as dicas de como procurar e escolher contatos, logo terá reunido algumas dezenas de cartões de visita. O que fazer com tantos novos conhecidos? Imagine se você quisesse se encontrar uma vez por mês com cada um... Saindo todas as noites, você teria se encontrado com apenas trinta pessoas. Uma tarefa impossível de ser realizada! Por esse motivo, a maioria de nós tem apenas poucos bons amigos. Profissionais das redes de contato têm centenas de pessoas em seus mailings. Sem gastar mais tempo com isso do que eu ou você. Como eles mantêm seus contatos? Uma rede não é um amontoado casual de conhecidos também casuais, mas um sistema que une as pessoas entre si. Essa sistemática poupa tempo e esforço. Logo depois de ter feito um conhecido, anote algumas palavras-chave sobre seu cartão de visitas. Onde vocês se conheceram? O que você descobriu sobre seu interlocutor? Anote as atividades de lazer, profissão, aparência e, eventualmente, conhecidos em comum, como, por exemplo, o organizador do evento. Em casa, complete suas anotações, no mais tardar no dia seguinte, enquanto a lembrança ainda está fresca.

Organize todos os cartões de visita de acordo com um sistema. Dessa maneira, você não se esquece de ninguém. É possível usar as rubricas da lista dos contatos que você deseja no início deste capítulo. Quais relacionamentos são mais pautados pela amizade, quais têm um sentido prático, de utilidade? Coloque todos seus cartões de visita com as anotações num arquivo. Ou transfira todos os dados para um arquivo eletrônico. No começo, isso dá mais trabalho, mas você tem a vantagem de classificar seus conhecidos sob diferentes rubricas. Pode ser que a mulher simpática da noite de ontem não se transforme apenas em uma boa amiga, mas também saiba preparar saladas perfeitas e poderá quebrar um galho como babysitter.

E como continuar? Quando você encontrar alguém que também esteja montando uma rede de contatos, essa pessoa provavelmente vai ligar para você. Caso contrário, o primeiro passo é seu. Lembre-se: quase toda segunda pessoa é tímida. Muitas não têm coragem: "Embora nós tenhamos tido uma conversa ótima há pouco e tenhamos combinado de nos ligar, não sei se isso continua valendo. Acho que ele vai me achar inconveniente, caso eu ligue agora".

A preocupação não é infundada. Já aconteceu de eu ligar para um novo conhecido e ele me dispensar rapidamente. Tudo bem, é melhor descobrir com quem você está lidando. Quem diz logo não, poupa muito do tempo que você acabaria investindo num contato sem sentido. Mas há a mesma quantidade de conhecidos que fica feliz em receber uma ligação, porque a própria pessoa não teve coragem de ligar. E você só vai descobrir a reação das pessoas na hora que pegar o telefone. Diga: "Eu tinha prometido ligar. Achei bem interessante o que você falou anteontem sobre...". Recorde-se de alguns detalhes da conversa. Isso será fácil caso você anote tudo o que foi importante logo depois do encontro. Você não acha que o outro ficará impressionado quando você repetir afirmações dele, que ele próprio já esqueceu?

Outra possibilidade é fazer o contato por e-mail. Não é necessário marcar mais um encontro logo em seguida. Você não tem esse tempo. Você se valoriza quando o outro percebe que seu tempo é curto e que a intenção não é grudar nele. Ligue todos os dias para duas ou três pessoas do seu arquivo. Ou mande e-mails. Não espere por um bom motivo para ligar. Você passa a impressão de ser mais simpático ao mostrar um interesse descompromissado: "Eu só queria dar um alô. Quais são as novidades?". Afinal, você também não fica feliz ao receber uma ligação de uma antiga amiga? Sem qualquer propósito, só por ligar? Os outros sentem o mesmo. Faça menção à última conversa. Se você tiver anotado alguns pontos depois do último telefonema, a tarefa será fácil. Ao descobrir uma boa notícia — alguém conseguiu um ótimo emprego, outro passou férias sensacionais —, transmita felicitações. Compartilhe a felicidade. Pequenos gestos como esse fazem com que você suba rapidamente na escala de simpatia do outro. Lembre-se dos aniversários. Em geral, os conhecidos comuns sabem as datas. E você faz uma surpresa com os seus votos.

Tempo e duração fortificam uma amizade. Se você ficar buscando contato durante meses, aos poucos passará de conhecido superficial para bom amigo. Depois, é suficiente marcar um encontro duas vezes ao ano. Organize uma festa grande por ocasião do seu aniversário, convidando todo mundo. Se seu aniversário cair numa data pouco apropriada (Carnaval, Natal), escolha outra ocasião, como uma festa junina. Se você não tiver espaço em casa nem dinheiro para uma festa grande, junte-se aos amigos. Você diminui gastos. Você faz a festa na casa onde houver mais lugar. Você junta redes de contatos diferentes. Em contrapartida, muitos de seus convidados vão chamá-lo para as próprias festas. Lá você conhecerá os conhecidos deles.

Organize um dia de portas abertas. Numa data determinada — por exemplo, a primeira sexta-feira do mês —, qualquer um da sua rede de contatos pode aparecer sem avisar. Essa variante vale a pena no momento em que sua rede for tão grande que sua festa de aniversário se tornaria inviável. Nas noites fixas, o número de presentes é menor. Às vezes vêm uns, outras vezes aparecem os outros. Alguns profissionais batizam essas noites como "noite da pizza" ou "salão literário". Nelas, é oferecida aos amigos a oportunidade de apresentar seus talentos para um público privado.

Profissionais dos contatos têm, como todos, apenas poucos amigos íntimos, com os quais eles se encontram mais vezes. Não é de espantar — o dia deles tem somente 24 horas como o de todo mundo. O tema preferido nesses encontros são os amigos de seus amigos. Eles trocam sugestões de quais contatos poderiam ativar em benefício de quem. Desse modo, se necessário eles dispõem de centenas de pessoas, a maioria delas conhecida pelo nome. Por exemplo, quando Dagmar sente uma dor no joelho depois de correr, ela liga para Angélica, que liga para seu antigo colega de escola, Jorge, que trabalha numa clínica ortopédica: "Você poderia dar uma olhada na minha amiga Dagmar? Por favor, atenda-a como se estivesse me atendendo".

Dessa maneira, não é difícil manter inúmeros contatos simpáticos. Você está à disposição de seus conhecidos, sem ser inoportuno. Vocês se apoiam uns aos outros nos assuntos onde têm coisas comuns. Seu relacionamento não é próximo o suficiente para grandes conflitos. Brigas, traições e ciúme: dramalhões só acontecem entre amigos íntimos. Se sua melhor amiga a decepcionar, sua rede de conhecidos vai lhe dar uma força. Ela é composta por dezenas de pessoas simpáticas que gostam de você. Elas protegerão você de uma baixa na autoestima. Inúmeros sinais de simpatia vindos do ambiente ao nosso redor são um elixir mágico para nós também irradiarmos simpatia.

PASSO 7
Otimize sua linguagem corporal

Imagine que você é um estudioso da beleza. Você quer descobrir qual tipo de mulher que os homens consideram especialmente sexy. Com essa finalidade, você chama muitos homens ao seu laboratório e lhes mostra fotos de mulheres muito diferentes entre si: magras, gordas, baixas, altas, loiras, morenas, curvilíneas ou secas. Os homens devem escolher a mais bonita. A grande maioria vai optar por uma mesma foto, que mostra uma mulher que não é nem muito curvilínea nem muito magra, que está mais para um tipo médio com traços harmônicos, sem sinais muito chamativos. Você chegará à conclusão de que os gostos não são tão diferentes do que era sua suposição inicial.

Numa segunda etapa, porém, se você pedir aos homens que lhe mostrem uma foto de sua companheira atual, você vai se surpreender. Essas mulheres não têm quaisquer semelhanças com o ideal de beleza que eles escolheram antes. Apesar disso, todos afirmam que a companheira corresponde exatamente ao seu gosto. Isso não é mentira, o amor não os deixou cegos. E também não se trata de o homem não ter conseguido uma parceira mais bonita. É fácil se convencer disso. Você precisa apenas pedir aos homens que lhe mostrem fotos das antigas namoradas. A conclusão é que a maioria já esteve com mulheres mais bonitas antes, mas não ficou com elas. Os homens se decidiram por alguém menos atraente. Essa pessoa, e não a belíssima, mostrou ser a certa.

Semelhança é mais importante do que beleza

Você poderia repetir o teste com voluntárias mulheres e chegaria à mesma conclusão. Pelas fotos, as mulheres consideram indivíduos como Brad Pitt ou Sean Connery os mais atraentes. Mas os homens que elas amam têm uma aparência comum. Na vida real, a maioria prefere um homem com uma barriguinha de cerveja a um homem com barriga tanquinho.

O motivo dessa curiosa discrepância está novamente na lei da semelhança. Embora estejamos de acordo sobre quem é bonito ou não, os gostos são diferentes. Eu prefiro me relacionar com alguém que tem um grau de atratividade semelhante ao meu. Nesse cálculo inconsciente da atratividade semelhante, entram não apenas a beleza corporal, mas também outros fatores do sucesso social: profissão, renda, status e popularidade. Se um dos lados do casal é bem mais bonito do que o outro, esse outro compensa sua desvantagem com mais popularidade e sucesso profissional. Na maioria dos casos, porém, homens e mulheres que estão juntos há muito tempo também são parecidos exteriormente.

Se você quer ser simpático e popular, não é preciso se parecer com Casanova ou com Vênus. Isso seria até uma desvantagem. Pois somente poucos são tão atraentes. Você seria excepcionalmente bonito, mas excepcionalmente solitário. Pessoas menos atraentes manteriam uma distância inconsciente. Sedutores que conquistam as pessoas ao seu redor são tudo menos ideais de beleza. Já no século XIX, os juízes se espantavam com a aparência de notórios impostores, que prometiam se casar com as mulheres. Esses homens não passavam uma imagem de heróis dominadores, mas sim de confiança honrada, fidelidade e solidez. Nada mudou nesse sentido até hoje. Em 1999, quando o impostor Gert Postel foi condenado a quatro anos de prisão, um sujeito magrinho e de óculos apareceu diante das câmeras. Sua verdadeira profissão era a de funcionário dos correios, e essa era sua aparência. Mesmo assim, ele tinha uma carreira de sucesso como falso médico e conseguiu enganar inúmeros médicos de verdade ao longo dos anos.

Coloque-se na frente do espelho. Você parece ser comportado e sem graça? Você não mede 1,93m como Clint Eastwood nem tem o bocão de Julia Roberts? E muito menos o sex-appeal of Sharon Stone ou o sorriso enigmático de Jack Nicholson? Melhor ainda! Pelos menos 90% das pessoas estão no mesmo barco. A simpatia delas será dirigida a você. Se você quiser conquistar a afeição da maioria, mostre desde o primeiro segundo que você faz parte dela.

Faça uso do efeito total

Antes de sair de casa na próxima vez, pense um pouco sobre o efeito que você causa. Olhe novamente seu reflexo no espelho. Imagine-se como um estranho que você vê pela primeira vez. Esqueça por um instante tudo o que você sabe sobre sua própria pessoa. Observe apenas sua aparência exterior, como se você estivesse se vendo pela primeira vez. Como você descreveria a pessoa que está na sua frente? Quais suposições sobre seu íntimo lhe passariam pela cabeça?

Agora, diga bom dia ao espelho e se apresente. Como seu segundo eu se apresentou? Foi convincente? Aberto? Amistoso? Ou ele parecia nitidamente desconfortável? Parecia tímido e inseguro? A apresentação deve ter demorado quatro segundos. Apesar disso, foi suficiente para deixar uma primeira impressão, para formar uma opinião que vai decidir sobre o sucesso ou o fracasso do encontro. O cérebro processa em pouquíssimo tempo dezenas de percepções para chegar a uma impressão geral. Ela é resultado dos seguintes fatores:

- aparência
- comportamento
- expressão facial
- gestos
- distância em relação ao interlocutor
- voz

Esses fatores compõem 93% da sua primeira impressão. Apenas 7% são resultantes do conteúdo de suas primeiras palavras. Mesmo se quisesse, você não conseguiria manipular seu efeito de maneira consciente, controlando todos os elementos de sua linguagem corporal. Ninguém consegue controlar mais de três ou quatro fatores de seu comportamento ao mesmo tempo. Você ficaria todo tenso e o resultado seria catastrófico. Para desempenhar um papel de maneira convincente, você precisaria ter uma formação de ator com muitos exercícios de controle corporal. Mesmo os grandes atores não ficam manipulando o tempo todo sua linguagem corporal. Eles aproveitam uma abreviação, que se baseia em duas leis:

– Sentimentos e linguagem corporal estão diretamente ligados. Quando você sorri, seu humor melhora. E o caminho inverso também funciona. Pense em algo engraçado e, num passe de mágica, seu cérebro enviará um sorriso aos seus lábios.
– A linguagem corporal tem a tendência ao todo, embora as contradições internas também se mostrem exteriormente. Uma criança leva uma bronca e seu olhar é de medo. Ao mesmo tempo, ela não consegue disfarçar um sorriso sobre sua traquinagem. Mas isso só dura um segundo. No final, o sentimento básico unifica-se com a aparência externa — na criança, por

exemplo, seria um sorriso constrangido. Por isso, basta modificar um elemento central na linguagem corporal. O restante do corpo segue a instrução automaticamente.

Faça um teste. Endireite-se. Olhe para frente, para o céu. Estique os braços para o lado. Erga os braços um pouco para cima, como se fossem ponteiros de um relógio na posição de dez para as duas. Como estão os cantos da sua boca? Em geral, os cantos da boca nesse exercício também acompanham o movimento e se levantam. Você deveria estar com um pequeno sorriso. Tente baixar os cantos da boca, como se estivesse muito triste, mantendo os braços erguidos. Nessa posição, será difícil. Mas se você baixar os braços, os cantos da boca também descem.

Ser popular é uma questão de estilo

Muitas vezes, os livros sobre linguagem corporal se esquecem da aparência, o que é injusto. É certo que não podemos escolher nosso rosto e nosso corpo, mas podemos influenciar seu efeito por meio de roupas e do cabelo. Quantas vezes você já não ouviu ou mesmo disse "Como ela parece ser simpática!" ao ver uma foto? Embora você nunca tenha se encontrado com a pessoa! Poucos critérios bastam para um julgamento, principalmente:

- A concordância interna da impressão como um todo.
- A semelhança da pessoa com gente que você conhece bem e gosta.
- A expressão amistosa e o olhar dirigido ao observador.
- A postura aberta, dirigida ao observador.

Você alcança a concordância interna quando transfere sua imagem de simpatia do passo 5 para o seu estilo pessoal. Estilo é algo mais durável do que a moda. A moda interpreta o espírito atual do tempo na aparência. Ela não se adapta às necessidades individuais. Por isso, ela é apresentada por modelos que são mais magras e mais altas que 95% da população. Quem domina a arte de adaptar a moda à sua pessoa tem estilo. "Estilo significa se inventar", afirmou Diana Vreeland, que levou a revista de moda *Harper's Bazaar* a se tornar famosa. É possível discutir sobre gosto, mas não sobre estilo. Estilo é a arte de escolher a partir de um amplo leque de possibilidades da moda aquilo que combina com sua personalidade e sua situação de vida, compondo um todo harmonioso a partir disso.

Quais dos três tipos de simpatia você escolheu no passo 5? A cada um desses tipos corresponde um determinado estilo.

Clássico é o estilo cheio da tradição do tipo ambicioso. Aposta em linha simples, conservadoras. Roupas formais dão confiança à pessoa.
Dramático é o estilo que conhece moda do tipo ardente. Faz experiência com cores ousadas, cortes e acessórios. Gosta de chamar atenção.
Natural-romântico é o estilo do tipo reservado. Quer conforto e silhuetas fluidas com cortes suaves.

Ter segurança para definir o próprio estilo requer muito treino. Folheie com frequência revistas que tragam sugestões de roupas e de cortes de cabelo. Lembre-se dos três estilos. Qual deles corresponde a você? Quais roupas você gostaria de vestir? Se você se sentir inseguro, peça conselhos a boas amigas. Com o tempo, você vai desenvolver um senso para seu estilo. Não compre mais nenhuma peça na qual você se sinta fantasiado. Ao encontrar seu estilo, você vai gostar do seu reflexo no espelho.

Assessores de estilo aconselham acompanhar a maneira de se vestir das pessoas à sua volta. A consultora em comunicação de Freiburg, Elisabeth Bonneau, diz: "Ofereça uma espaço positivo-neutro de interpretação". Escolha sua roupa de acordo com o modo que as outras pessoas se vestem na empresa. Num banco, você vai usar um traje conservador, numa agência de publicidade serão propostas arrojadas. Se você quiser fazer parte do círculo, mostre isso também nas roupas. Reforce sua individualidade com um ou dois acessórios chamativos. Isso é muito mais eficiente e elegante do que ficar desfilando como um pavão colorido entre uma porção de ternos escuros. Ou se revelar o futuro carreirista ao suar blazer e camisa social no meio de estudantes de camiseta.

Numa empresa, a hierarquia pode ser reconhecida através das roupas. A chefe usa um tailleur elegante de uma marca famosa, a secretária vem de saia e blusa de lojas conhecidas. Vista-se no mesmo nível que suas colegas. Se você se desviar muito disso, vai perder pontos no quesito simpatia. Se estiver malvestido, vai passar a impressão de desleixado. Se estiver muito mais elegante, vão falar nas suas costas: "Ele deve se achar melhor que nós". O mais garantido é ser um tiquinho mais elegante do que a maioria. O suficiente para ser notado, mas não tanto para ser considerado fora do padrão. Não tente ser o mais bem vestido; o ideal é chegar ao seu objetivo como o segundo melhor.

Retidão — por causa da postura

Você tem um caráter "reto"? Você mantém sua "postura" — independentemente do que aconteça? Você mostra "retidão" quando a situação o exige? Nossa linguagem cheia de imagens mostra o que secretamente todos sabemos. Posturas interior e exterior caminham juntas.

Um andar reto não puxa apenas a risca do cabelo para o alto. Tudo se apruma: a coluna vertebral, os órgãos internos, os cantos da boca, a ponta do nariz, a autoconfiança e o humor. Uma posição sentada, toda encolhida, tem o efeito contrário. Os músculos estão tensos, embora estejam prontos para um movimento repentino. A cabeça esticada para frente exige esforço máximo da musculatura do pescoço. Depois de duas horas, você está tão tensionado que a cabeça vai começar a doer. Ficar manipulando o mouse, mexendo com papel e caneta, leva à assimetria. O braço direito (no caso de canhotos, o esquerdo) está mais longe do corpo do que o outro. Ele faz mais força, por isso seu ombro está mais caído. A circulação sofre. Sentimo-nos fracos e cansados. O pulmão e os outros órgãos estão comprimidos. A respiração se torna superficial. A cabeça, os cantos da boca e o humor tendem para baixo.

Percebemos facilmente uma postura ruim nos outros, mas raramente em nós mesmos. Isso se dá pelo efeito global. Como uma postura ruim afeta o humor, a cabeça baixa não nos incomoda quando estamos tristonhos. A incongruência seria percebida caso você estivesse feliz, mas sentado de modo tenso. Nesse caso, você automaticamente curvaria as costas. O inverso também é verdadeiro. Endireite-se e seu humor vai melhorar.

Uma postura curvada é fruto do costume. Desde a escola até o posto de trabalho do adulto, junto ao computador, vivemos sobre cadeiras. A Humanidade passou a ficar sentada a maior parte do tempo apenas a partir da Idade Média. Ainda na Grécia Antiga os filósofos caminhavam eretos por arcadas, enquanto discutiam suas ideias. Em *O Banquete*, quando Platão descreve seu diálogo de mesmo nome, Sócrates e seus colegas estavam deitados em bancos. O sentar constante apareceu apenas nos conventos medievais. A luz fraca das velas na escura Europa do norte obrigou os monges a se curvar durante horas sobre seus manuscritos a fim de ler alguma coisa.

Com cinco pequenos exercícios é possível reconquistar a postura natural que você já dominou melhor quando criança em idade pré-escolar. Observe um menino ou uma menina de um ano e meio de idade, que acabou de aprender a andar. Os passos sobre o tapete são desajeitados, mas a criança está reta como uma vela.

Essa postura será mantida nos três anos seguintes. São os adultos que ensinam as crianças na escola a dirigir o olhar para baixo.

1. **A árvore que cresce para o alto.** Endireite sua postura. Caso você esteja inseguro sobre se realmente está ereto, fique de lado diante de um espelho de corpo inteiro, de maneira a enxergar seu perfil. Você também pode colocar um livro sobre a cabeça — um exercício maravilhoso para acostumar a cabeça e o pescoço a uma posição ótima. As modelos adoram esse exercício. Uma postura ereta exige um pescoço firme. Agora, feche os olhos. Imagine que uma cordinha está puxando seu couro cabeludo em direção ao céu, enquanto seus pés permanecem colados ao chão. Você percebe como essa força estica sua coluna vertebral? Preste atenção nos seus ombros. Tensione-os por um instante, depois deixe-os cair novamente. Os ombros caem o mesmo tanto? Ou um lado fica mais alto do que o outro? Numa postura correta, os ombros caem de maneira simétrica para trás. Se esse não é o seu caso, dê alguns passos, gire os ombros algumas vezes para soltá-los e repita o exercício. Mantenha a cabeça ainda mais erguida. Erga o nariz, não se importe de estar "com o nariz empinado". Será que dessa vez os ombros caíram para trás? Ótimo. Caso sua barriga tenha se projetado muito para frente como compensação, aumente a força que puxa seu couro cabeludo para o alto. Acostume-se a essa postura.
2. **O bambu que se verga.** Dê alguns passos pelo seu quarto de olhos fechados. Fique parado, sem abrir os olhos. Você está reto como no exercício anterior? Se necessário, corrija a postura — os olhos devem ficar fechados. Agora você intensifica sua percepção interior. Preste atenção em seus músculos e no seu senso de equilíbrio. Perceba os movimentos breves, suaves, que constantemente passam pelo seu corpo. Eles o mantêm em equilíbrio. Os músculos passam ininterruptamente sua posição ao cérebro, que responde com ordens de correção. Esse mecanismo funciona perfeitamente, mesmo se você estiver pensando em outra coisa. Como um bambu que não quebra durante uma tempestade porque se adapta, é flexível. A percepção de seus minimovimentos vai ajudá-lo a reencontrar sua postura ereta no futuro. Mesmo se você não tiver um espelho por perto.
3. **O cantor feliz.** Durante todos os anos que ficamos sentados, nos acostumamos a manter a cabeça para frente e para baixo. Com o seguinte exercício, você reencontrará sua postura natural. Dê alguns passos e entoe a plenos pulmões uma canção alegre. Por causa da respiração profunda e do espaço de ressonância

que você precisa para isso, seu corpo levará a cabeça e o corpo automaticamente à posição ideal.

4. **O sol gracioso.** Agora comece a unir sua nova postura com movimentos fluidos. Fique ereto como no exercício 1, diante de uma cadeira. Em seguida, sente-se — de maneira suave e sem trancos. Atente para um movimento uniforme, fluido. Deixe as costas retas, não se curve. Chegando à cadeira, sente-se ereto. Seus ombros ainda caem, soltos, para trás. Seus olhos não estão voltados para baixo, mas se dirigem a algum ponto acima do horizonte. Você está sentado como se logo fosse se levantar. Levante-se com a mesma fluidez. Repita o movimento até ele estar "engrenado".

5. **A árvore que caminha.** Vá para fora. Cheque rapidamente sua postura. Seu nariz aponta levemente para o alto, seus olhos olham para longe, acima da linha do horizonte, seus ombros estão soltos, caídos para trás? Ótimo. Mantenha essa postura quando começar a andar, com passos fluidos e sem trancos. Movimente os pés do canto exterior do calcanhar até a parte da frente do peito do pé. Você percebe como sua autoconfiança cresce com sua nova maneira de andar? Sinta-se como um campeão. Você é dono do mundo. Pesquisadores descobriram que parecemos pelo menos dois centímetros mais altos assim que deixamos de arrastar os pés.

Um pequeno sorriso, um olhar claro

A arma mais terrível de nossos antepassados pré-históricos era a lança. Ela matava com uma distância de até 70 metros. Vamos imaginar duas hordas se encontrando na savana. Como era possível adivinhar as intenções pacíficas dos grupos a essa distância? Paul Ekman, da Universidade de San Francisco, especialista em mímica de renome internacional, descobriu a resposta. Ele fez com que dois grupos de voluntários se aproximassem, mostrando as caretas mais diversas. Resultado: um rosto sorridente era reconhecido a 90 metros de distância. Ele alcança uma distância maior do que a lança mais mortal. Não é de espantar que o sorriso e o riso tenham um papel tão importante na hora dos cumprimentos.

Por essa razão, um dos conselhos mais frequentes dos instrutores de linguagem corporal é: sorria! Um sorriso embeleza qualquer rosto. Ele levanta o humor, tanto de quem sorri quanto da outra pessoa. Mas os especialistas alertam contra o sorriso falso, no qual apenas os cantos da boca são puxados para o alto. No sorriso autêntico, o músculo ao redor dos olhos também são acionados, formam-se as ruguinhas do sorriso nos cantos dos olhos. Como esse músculo não está sob nosso controle, ele só trabalha quando estamos realmente com vontade de sorrir. Se a mímica é apenas fingida, os olhos permanecem "frios".

Mas a verdadeira dificuldade está em outro lugar. Os publicitários conhecem há tempos o poder mágico do sorriso. Em muitas lojas você é impiedosamente bombardeado com sorrisos — tanto faz se você é simpático, está fazendo confusão ou levando a vendedora à loucura, por fazê-la mostrar dezenas de artigos sem se decidir por nenhum. Nos Estados Unidos, os cantos da boca voltados para cima fazem parte da cultura nacional do comércio. Lá, vale o princípio: "Nossos funcionários sorriem apenas uma vez, e durante todo o dia". Contra o sorriso de uma caixa de supermercado norte-americana, até a mímica de uma aeromoça sisuda parece espontânea. O McDonald's dos Estados Unidos oferecia até uma "garantia de sorriso": o cliente podia reivindicar uma recompensa, caso não tivesse recebido um sorriso. Mas o melhor seria mesmo dar alguma coisa aos funcionários, caso eles mostrassem pelo menos uma vez seu verdadeiro rosto.

Um sorriso constante é sinal de subordinação. Ele desperta desconfiança, pois é quase impossível ser autêntico. Ninguém que trabalha no setor de serviços está de bom humor o tempo todo. Ou você acabará achando que, por trás, existe desdém, porque se parece com um sorriso contínuo. Estudos comprovam que reagimos de diferentes maneiras em relação ao estresse e à irritação, de acordo com o grau de nossa autoestima:

- Quem dispõe de autoestima saudável dirige sua raiva contra a fonte. Ele repele quem o ataca e mostra seu desacordo no próprio rosto.
- Pessoas com baixa autoestima se tornam ainda mais amáveis do que antes. Elas baixam a cabeça e sorriem, inseguras. Elas procuram a culpa pelo conflito em si mesmas e tentam acalmar o agressor com um sorriso constrangido. O sorriso não é sempre um sinal de alegria. Ele também pode ser um sinal de medo.

Como ganhar simpatia instantaneamente? Sorria, mas nunca mais que quatro segundos por vez! Uma mímica que dura cinco ou mais segundos não parece honesta, é o que descobriram pesquisadores que trabalham com mentiras. Sentimentos autênticos revelam-se no rosto, de maneira rápida e breve. Uma elevação súbita, mas clara, dos cantos da boca e das sobrancelhas. A mímica permanece móvel — nada de sorriso congelado! Um sorriso de até três segundos é um sinal de cortesia. De três a quatro segundos aponta para um interesse excepcional, por exemplo, durante um flerte. A partir de cinco segundos, a outra pessoa começa a se sentir incomodada. Ela se pergunta: o que esse indivíduo quer? O negócio é comigo? Sorrisos constantes já foram motivo de briga.

A mesma regra vale para o contato visual. A pessoa que é observada por até quatro segundos, percebe o seu interesse aumentado. Ela se sente importante. No caso de mais de quatro segundos — principalmente quando os olhos ficam parados num mesmo ponto do rosto —, você deixa de olhar e passa a encarar. Um olhar excessivamente longo tem um efeito intimidador; ele parece ofensivo, presunçoso e desrespeitoso. O efeito positivo inicial logo se torna o inverso. Mas quem evita totalmente o contato visual, parece desatento, deseducado ou submisso — como alguém que tem algo a esconder.

Ou seja, o *timing* é mais importante do que a perfeição na hora do sorriso ou do olhar. Mesmo se você erguer os cantos da boca de maneira artificial — e daí? Isso é suficiente para disparar o efeito de um sorriso autêntico. Não só na pessoa que o recebeu, como também em quem sorriu. Pois o seu cérebro passa a produzir maior quantidade do neurotransmissor serotonina, que é responsável pelo relaxamento e pelo bom humor. Por isso, levantar os cantos da boca mesmo se seu interlocutor não estiver vendo você é uma boca dica. Por exemplo, na hora de uma ligação telefônica. Sorria durante alguns segundos antes de pegar o aparelho. Sua voz soará mais relaxada e simpática.

Mas será que um sorriso artificial não gera desconfiança? Testes comprovaram que temos grande dificuldade em diferenciar sorrisos autênticos dos falsos. Mesmo se você souber que os olhos precisam acompanhar o sorriso: olhe para a foto de dez pessoas sorrindo por, no máximo, cinco segundos e tente decidir, espontaneamente, se os olhos estão acompanhando o sorriso ou não. Se os cantos da boca estão erguidos e os olhos o encaram, a diferença não é fácil de ser detectada. No sorriso autêntico, os olhos se contraem levemente pelo tensionamento dos músculos ao seu redor. Observadores experientes também se enganam nessa hora, como mostram os testes do norte-americano Paul Ekman. Sua taxa de acertos está apenas em 52% a 57%. Como só existem duas possibilidades de resposta — autêntico ou falso —, o chute simples já alcançaria 50% de acertos.

No sorriso mais demorado, a diferença ficaria mais evidente. Mas três a quatro segundos é pouco para uma observação cuidadosa dos detalhes. Por isso, é fácil passar uma impressão simpática num primeiro encontro. Aproxime-se de seu interlocutor com uma postura ereta e com movimentos suaves e cadenciados. De quatro a seis metros de distância, faça contato visual e sorria — da melhor maneira possível. Depois de três segundos, olhe para o lado e pare de sorrir. Ao cumprimentar a pessoa, encare-a e sorria de novo. Erga de maneira rápida e clara as sobrancelhas. Esse é um sinal da linguagem corporal para o cumprimento: "Eu o reconheci e tenho intenções amistosas".

Mesmo depois, alterne entre olhar para a pessoa e desviar o olhar. Única exceção: você pode encarar seu interlocutor apenas quando ele estiver falando por mais tempo. Nesse caso, seu olhar significa que você está acompanhando a conversa com atenção. Mas mesmo aqui um sorriso constante seria equivocado, pois pareceria desdém. Distribua seus sorrisos de maneira econômica, isso os torna mais efetivos. Sabemos disso a partir da comparação dos gêneros. Homens sorriem menos do que as mulheres, mas seus sorrisos têm um efeito mais forte.

O que torna um aperto de mão simpático

Gestos são sinais de franqueza, autoconfiança e intenções pacíficas. Há séculos os estranhos mostram a palma vazia de suas mãos como sinal de que não estão carregando armas. Traidores romanos enganaram esse ritual ao esconder um punhal nas mangas de suas túnicas. Por isso entrou na moda o gesto extra de tocar o antebraço da outra pessoa. Mais recentemente, nasceu o aperto de mão. Os comerciantes foram os primeiros a usar esse gesto para sacramentar uma negociação. Desde o século XIX o aperto de mão se firmou como elemento fixo dos cumprimentos.

O velho hábito de testar as intenções amistosas do outro por meio desse gesto de cumprimento persiste até hoje. Não procuramos mais por armas escondidas, mas por intenções ocultas. Um aperto de mão pode ser simpático ou despertar antipatia em segundos. Isso não é uma hipótese. Pessoas autoconfiantes têm um aperto de mão firme; inseguras, não. O pesquisador americano William Chaplin conseguiu comprovar essa suposição num estudo de 2001. Um aperto de mão simpático é composto por cinco características:

1. Atente às regras de comportamento. A pessoa de menor nível hierárquico cumprimenta primeiro — e espera que o de maior nível possa esticar a mão. Mulheres estão acima de homens, mais velhos acima de mais novos e chefes acima de funcionários. Quem está sentado se levanta para dar a mão. Se a pessoa de nível hierárquico superior não lhe der a mão depois de seu cumprimento, não mostre espanto, apenas faça um ligeiro aceno com a cabeça. No caso de grupos, faça a mão para todos ou para ninguém. Quanto maior for o grupo, mais aceitável será fazer apenas um sinal com a cabeça.

2. Estique a mão sem hesitação, aperte de maneira breve e firme, sem esmigalhar a mão do outro. Mais uma vez, a duração de até três segundos é a mais adequada. De três a quatro segundos, seu interesse será maior. A pessoa vai esperar que você expresse algo especial. Um cumprimento mais demorado parece inseguro ou ameaçador — como se você quisesse impedir o outro de usar as mãos livremente.
3. Estique a mão de lado (a palma da mão aponta para a esquerda) é o cumprimento mais simpático entre iguais. Se você der sua mão de cima (a palma da mão aponta para baixo), você vai parecer dominador. Da maneira inversa (a palma da mão aponta para cima), vai parecer submisso. Sacudir o braço do outro é um gesto de dominância. A pessoa vai procurar escapar de sua tentativa de dominá-la — ou vai querer igualar a ação. Aprendemos o seguinte truque em cursos de linguagem corporal: enquanto você cumprimenta com a direita, coloque a mão esquerda sobre o antebraço direito do parceiro. Assim, o equilíbrio está restabelecido. Quando Angela Merkel fez a primeira visita de Estado a Jacques Chirac, ele a surpreendeu com um beija-mão (a propósito, um atentando às boas maneiras: o beija-mão só deve ser realizado em ambientes fechados). No segundo encontro, tudo indica que os assessores dela já a tinham prevenido, pois ao cumprimentar Chirac diante das câmeras, ela colocou a mão esquerda sobre o antebraço de Chirac. Estudos comprovam o poder do toque: se você tocar vez ou outra o antebraço de seu interlocutor, como sem querer, a simpatia por você vai aumentar.
4. Ganhe simpatia ao se preocupar em manter o equilíbrio. Para isso, não basta o aperto de mãos lateral. A força é um segundo fator. Mãos masculinas apertam, em geral, com o dobro de força. Se você é mulher, aperte mais forte a mão de um homem; se você é homem, use menos força ao cumprimentar uma mulher.
5. Já ouviu a frase: "Ele tem um aperto de mãos desagradável, úmido?". O responsável por isso é a ansiedade. Na hora do medo — por exemplo, por causa de um encontro delicado —, o corpo aciona um pré-histórico reflexo de fuga. O sangue flui da camada superior da pele e se concentra nos músculos da perna. Isso faz com que as mãos esfriem. Ao mesmo tempo, o restante do corpo secreta suor para resfriar a pele na hora de sair correndo. Resultado: a mão passa uma sensação fria e gosmenta. Se você estiver nervoso, previna-se. Seque sua mão num lenço antes. Expire lentamente, pelo menos durante dez segundos. Como o reflexo de fuga acelera a respiração — para que você tenha ar na hora da corrida —, uma respiração lenta sinaliza ao cérebro que o perigo passou. Você se acalma.

Ao manter distância, aproxime-se

Com que frequência você usa os transportes públicos? Ônibus e metrô são lugares excepcionais para estudar a falta de simpatia e os jogos ocultos de poder. Uma mulher acima do peso espalhou sacos plásticos abarrotados de coisas ao seu redor e obriga a menina sentada a seu lado a se espremer num cantinho, com seu material escolar pressionado contra o peito. Três jovens envolvidos numa conversa animada bloqueiam a passagem pelo corredor com mochilas acomodadas em suas costas. Todos aqueles que desejam passar são incomodados por esse bloqueio.

Qual é a maneira mais inteligente de se comportar nessa hora? Se encostar à parede ou participar do empurra-empurra? Nossa percepção para distâncias se desenvolveu numa época em que pouco mais de um milhão de pessoas habitava o planeta. Todos tinham espaço suficiente. Lugares excessivamente lotados é um estado fora do comum para nossa percepção. Há quinze anos, o norte-americano Edward T. Hall mediu as pretensões territoriais:

1. A zona íntima, à qual permitimos o acesso apenas de pessoas de confiança, é de no máximo 60 centímetros.
2. A zona pessoal para conversas com bons amigos vai até 1,20 metro.
3. A zona social para conversas com vendedores, funcionários e estranhos vai até 3,60 metros.
4. A zona pública acima de 3,60 metros é usada quando somos espectadores em palestras, teatros e desfiles.

Quem ultrapassa sem permissão a distância adequada corre o risco de se tornar desagradável. Por exemplo, a pessoa que entra na zona íntima de um desconhecido. As exceções, que permitem isso, estão rigidamente regulamentadas por rituais sociais. Por exemplo, as profissões de médico, cabeleireiro ou vendedores de roupa. E em situações de emergência, como auxílio em caso de acidentes — assim como transportes públicos e elevadores. Faça uso das expectativas inconscientes de distância para conquistar simpatia:

Em caso de dúvida, é preferível iniciar uma conversa na distância maior do que na menor. Você pergunta as horas a um passante na distância social. Se nascer uma conversa, entre na zona pessoal. Uma distância grande demais pode ser equilibrada com o olhar. Quanto maior a distância corporal, mais será permitido olhar nos olhos do outro, sem que esse tenha a sensação de ser encarado. Mas se você tiver de se aproximar por causa da limitação de espaço, reduza seu contato visual. Se você achar que é hora de se aproximar ainda mais, preste atenção na reação do outro. No caso de ele se esquivar — talvez apenas levando o tronco para trás ou se movimentando para o lado —, volte a aumentar a distância.

É melhor mostrar seu desejo por proximidade, na medida em que você dirige a parte da frente do corpo para o seu interlocutor. Não cruze os braços diante do peito. Também não monte barreiras na forma de bolsas ou escrivaninhas diante de si.

Aplique o comportamento territorial com consciência, a fim de chamar a atenção sobre si próprio. Ao entrar numa sala, vá ao centro. Quem fica nos cantos e olha ao redor, necessariamente olhará para o centro. O inverso não é verdadeiro. Os que estão no meio percebem pouco do que se passa nos cantos. Quem se sente confiante ou pertencente ao grupo, fica no meio. Você pode aproveitar essa expectativa em seu proveito. Colocando-se no meio, você se valoriza aos olhos dos outros.

Alto astral gera alto astral

Reunião de conselho de uma comunidade rural de um Estado alemão. Na pauta, a ampliação de uma estrada. Operários e comerciantes convenceram os presentes da necessidade do gasto. Eles falam de entradas adicionais à comunidade pela ampliação do número de turistas que utilizarão a estrada para chegar ao mar Báltico. A votação parece ser mera formalidade. Nessa hora, Beate, a bibliotecária-chefe da comunidade, pede a palavra. Ela alerta, com voz firme, sobre os perigos para crianças que visitam a biblioteca junto à estrada todos os dias. Alguém pensou no barulho e no meio ambiente? Há alguma comprovação de que realmente haverá uma elevação no número de turistas?

Os ouvintes começam a prestar atenção. O clima se transforma: a indiferença dá lugar a uma participação ativa. Ouvem-se aplausos. Em vez de simplesmente aprovar o projeto, a maioria decide pedir um parecer e consultar os moradores.

A vitória de Beate foi um triunfo de sua voz engajada e acolhedora. Caso ela falasse de maneira estridente e agitada, suas palavras seriam interpretadas como uma conversa vazia de intelectual irritada. Há uma grande diferença entre você expressar suas convicções num tom tenso e agudo ou tranquilo e caloroso. Uma voz fina fragiliza os argumentos, uma voz encorpada os fortalece.

Basta ouvir um programa de rádio, no qual os ouvintes participam pelo telefone. Você vai ouvir uma série de vozes que imediatamente serão classificadas como simpáticas, monótonas ou antipáticas. Segundo um estudo do pesquisador norte-americano Albert Mehrabian, 38% da primeira impressão são decorrentes da voz. Apenas o tom — independentemente das palavras expressadas — basta para uma avaliação geral sobre seu dono. Graças à variabilidade, o tom transmite uma série de informações sobre o estado de espírito do falante. Ele pode sussurrar, murmurar, rouquejar, resmungar e berrar. A voz pode soar banal, monocórdia e irritadiça ou, ao contrário, apresentar vibração, ressonância e volume. Seu tom é mais do que uma combinação entre lábios, laringe e língua. Ela nos diz se uma pessoa é interessante, tediosa, intensa, fria ou erótica. Algumas pessoas belíssimas decepcionam assim que abrem a boca. Ao mesmo tempo, uma menina sem maiores atrativos pode ganhar muito em atratividade por ter uma voz calorosa. Alguns exemplos do que a voz nos revela:

- A pessoa que fala de uma maneira anasalada é tida, em geral, como chorosa ou metida.
- Uma fala monótona revela pouca capacidade de satisfazer.
- Quem vai abaixando mais e mais o tom da voz ao falar é inseguro e se deixa intimidar pelo ambiente.
- Uma voz grave, tranquila, sinaliza autoridade, intenções sérias e autoconfiança.
- Pessoas de vozinhas finas parecem inseguras e imaturas.

A voz feminina se modificou consideravelmente nas últimas décadas. Assista a filmes dos anos 1950. Quase 90% das atrizes falam de um jeito muito agudo, como se fossem menininhas. Mulheres modernas falam de maneira mais grave e há claramente mais ressonância. Como os genes permaneceram os mesmos, a transformação deve ser creditada unicamente ao uso modificado da voz. Cada um de nós dispõe de aproximadamente dois oitavos de amplitude vocal. O terço inferior é a assim chamada posição de indiferença. Nesse tom, falamos de maneira tranquila e relaxada. Nervosos ou amedrontados, a voz fica mais aguda. Quem se sente constantemente inseguro se acostuma a falar sempre nesse tom mais alto, forçando a voz. Ela parece que vai falhar a qualquer momento. Um exercício simples de simpatia é reencontrar a posição de indiferença.

Entoe um "o" longo, no tom mais grave que você conseguir produzir, de maneira limpa. Vá subindo esse tom cantado até ter alcançado seu máximo, sem fazer esforço. Daí cante o caminho inverso, até ter chegado novamente no tom mais grave. Em seguida, suba mais dois, três tons. Fale devagar algumas frases nesse tom. Essa é sua posição de indiferença. Grave essa voz e tente permanecer nesse tom no dia a dia.

Você se lembra do susto ao ouvir sua voz gravada pela primeira vez? As ondas sonoras da voz são transmitidas também internamente, atravessando o próprio corpo. Essa parte do tom não fica disponível para as outras pessoas nem para o gravador. Só você escuta sua ressonância interior. Na gravação, sua própria voz soa estranha. Faltam as oscilações interiores. Todas as fraquezas são ressaltadas sem misericórdia. Para uma autoavaliação objetiva, é útil ouvir a própria voz gravada. Como você avaliaria um estranho que falasse desse jeito?

Fonoaudiólogos desenvolveram uma série de exercícios para equilibrar as fraquezas. A tabela a seguir mostra alguns deles.

Um caminho mais simples é fazer as pazes com a própria voz e apostar em seus pontos fortes. Assim como quase ninguém tem uma aparência perfeita, também é uma minoria que dispõe de um aparelho fonador perfeito. As dicas mais importantes para que sua voz se transforme num passaporte de sua simpatia:

Até uma voz não treinada soa bem quando seu dono fala com convicção. Coloque sentimento e engajamento em suas palavras. Ao falar com convicção, os ouvintes se esquecem da sua voz e são atraídos por seu posicionamento em relação ao tema.

Pergunte aos amigos como é a sua voz. Eles não estão sob o "choque do gravador". Eles conhecem o tom externo de sua voz há mais tempo e podem compará-la com outras melhor do que você. Se seus amigos consideram sua voz aceitável, você pode fazer o mesmo.

Fale mais devagar e com maior concentração. Se seu tempo de fala é curto, não comece a falar mais rápido, para conseguir dar conta de tudo. Peça a palavra uma segunda vez. Se os outros não o deixarem falar, diga: "Não entendi. Posso fazer uma pergunta?". Pronto.

Fale um pouco menos que os outros. Equilíbrio na simpatia também se mostra num equilíbrio no tempo de fala. Quem fala demais tenta dominar os outros. Pessoas inseguras usam esse método quando sentem sua autoridade escapar. Quanto mais você fala, menos seus ouvintes se importam com o conteúdo da sua fala. O meio mais seguro para ser ouvido: limite-se a afirmações breves, mas as repita diversas vezes ao longo da conversa.

Quanto mais tranquilidade você transmitir, mais peso terão suas palavras. Respire devagar. Ouse fazer pequenas pausas (de até três segundos). Se alguém quiser tomar sua palavra nesses momentos, erga a mão e diga: "Um momento! Deixe-me pensar por um instante".

Não interrompa ninguém. A paciência que você demonstrar voltará para você cem vezes mais em forma de simpatia. Se a torrente de palavras de seu interlocutor for absolutamente insuportável, faça uma pergunta no meio. Caso você queira imperiosamente mudar de tema, tudo bem. Faça uma pergunta sobre outro assunto.

Característica da voz	Causa	O que pode ser feito
Pronúncia não é clara.	Hábitos ruins, musculatura fraca.	Leia textos sussurrando forte. Ou ler em voz alta segurando uma rolha de plástico entre os dentes.
Soa infantil e monocórdia, e o falante tenta equilibrar isso falando mais alto.	Ressonância de menos por causa de tensão e postura ruim.	Exercício de mastigação: faça movimentos de mastigação com a boca aberta, tentando pronunciar sílabas curtas com "au", "a" e "u": miau, mium e etc. Preste atenção na postura ereta.
Soa sem emoção.	Falta de capacidade de emocionar ou respiração muito superficial (sem diafragma.)	Atente à respiração abdominal. A barriga se expande para frente, o diafragma desce. O ideal é que ao mesmo tempo as vértebras se movimentem para fora. Isso é um indício que os pulmões estão bem cheios de ar. Controle sua respiração durante a inspiração e a expiração colocando as mãos sobre a barriga e lateralmente ao corpo, ao longo das vértebras.
Soa muito aguda.	Tensão no diafragma, na laringe e na área dos lábios.	Boceje com os lábios fechados para relaxar a laringe. Fale conscientemente mais devagar e respire com mais calma. Encontre a área da indiferença (veja o texto).
Soa muito monótona.	Insegurança, medo, falta de interesse no conteúdo.	Mais engajamento. Durante a fala, faça mais pausas, fale mais rápido e mais devagar, varie o tom da voz. Exercício: leia diálogos em voz alta. Interprete cada um dos papéis da maneira mais diferenciada possível.

PASSO 8
Mantenha uma conversa simpática

Nossa língua mostra o que é importante. Nós "achamos" pessoas simpáticas, "expressamos" palavras e "mantemos" conversações. *Encontramos* pessoas simpáticas quando as procuramos. Por meio de palavras, transmitimos para o *exterior* nossos pensamentos. As conversas com esses pensamentos são mantidas de duas maneiras — nós as concretizamos e dirigimos seu desenrolar.

Às vezes, porém, a conversa parece sair dos trilhos. Não dirigimos a conversa, somos dirigidas por ela. Um pequeno detalhe é o estopim de uma controvérsia que se escala para uma verdadeira briga. Por exemplo, quando o marido pergunta do quarto:

"Querida, onde você colocou minha malha verde?".

A mulher responde da cozinha: "Não a coloquei em nenhum lugar. Olhe na prateleira de cima".

"Você acha que eu já não procurei lá? Não está."

"Como vou saber onde você meteu sua malha no meio da sua bagunça..."

"Minha bagunça? Na semana passada, quando fui procurar minha gravata listrada, onde eu a encontrei, três dias mais tarde? Na sua gaveta de meias!"

"Não fui eu quem guardou ela lá."

"Então fui eu? Basta olhar quanto tempo você precisa pelas manhãs para achar suas coisas. Nesse meio-tempo, eu já tomei o café."

"Porque você revira todas minhas gavetas quando não encontra as suas coisas."

"Igualzinho a sua mãe! Ela também vive enchendo seu pai, perguntando onde ele deixou os óculos dela. E eles estão sobre seu nariz!"

"Típico! Você sempre acaba culpando os outros quando faz algo errado." Ela sai nervosa da cozinha e fica junto à porta do quarto. "Minha mãe tem o direito de ser um pouco confusa aos setenta e dois anos. Mas você... você tem no máximo três anos de idade."

"Que petulância!"

"Você está procurando a malha verde? Olhe no espelho. Você está com ela!"

Quando o cérebro dispara um alarme falso

O cérebro humano está condicionado geneticamente a perceber sinais de perigo. A cada instante, somos bombardeados por milhares de estímulos. Mas a cabeça só consegue trabalhar sete novas informações por segundo. O filtro de entrada deixa passar aquilo que parece ser ameaçador. O restante se perde. Homens pré-históricos, cujo alarme interno não funcionava, morreram na era dos tigres-dentes-de-sabre e dos guerreiros inimigos.

Na sociedade moderna, nosso sistema de alarme muitas vezes dispara sinais falsos. Reagimos com tensão a pequenas divergências, e não prestamos atenção no imenso campo das similaridades. Assim como na situação do casal da página anterior. A procura pela malha verde acabou se tornando basicamente numa briga sobre organização e bagunça. Na troca de acusações, todas as coisas que unem o casal são esquecidas.

Talvez você considere a briga dos dois algo banal. Afinal, a malha foi rapidamente encontrada. Se o casal se amar, logo ambos estarão rindo sobre a confusão. Mesmo assim, cada desavença trinca a camada de simpatia. Ambos falaram coisas feias um ao outro e que permanecerão na memória. Na briga seguinte, isso será retomado: "Naquela vez, você me disse...".

Cem por cento de concordância é algo irreal. Não faz sentido ignorar as discordâncias e encobri-las com uma fingida harmonia duradoura. Na primeira oportunidade, elas iriam ressurgir com força total. Mas podemos lidar com elas de duas maneiras. Como você mantém (e dirige) uma conversação?

Conversa simpática. Você fica feliz pelas suas concordâncias e ambos informam as suas diferenças e os seus motivos. Essas diferenças serão minimizadas pelas convicções partilhadas por ambos.
Conversa antipática. Você enxerga uma trincheira insuperável. O outro tem de compartilhar de suas convicções ou desaparecer de sua vida. Senão, você entrará numa guerra impiedosa contra ele, até a vitória. Independentemente do quanto isso custará em termos de tempo e de irritabilidade.

Não há uma segunda chance para a primeira impressão

Os primeiros segundos são decisivos. Muitas conversas fracassam porque essa fase de aquecimento não funcionou. Sete comportamentos são decisivos para uma primeira impressão positiva. Alguns vocês já conhecem dos capítulos anteriores:

Postura autoconfiante. Vá em direção ao interlocutor sem hesitar, com a postura ereta. Não se aproxime com passos tímidos nem agarre a bolsa com as duas mãos.

Roupa combinando com a ocasião. Nem elegante demais, nem descontraído demais, mas num estilo que você se sinta bem. Nada que você nunca iria vestir, pois não é para se sentir fantasiado.

Atitude positiva. Você se sente inseguro? Considere a dor de barriga um bom sinal. O resultado do encontro está em aberto. Você tem a chance de conquistar o estranho. Fique contente pela conversa. Você está curioso e à procura de coisas que sejam comuns aos dois.

Orientação pelo outro. Quanto mais inseguros nos sentimos, maior é a pressão para se autocontrolar. Minha roupa está no lugar? Como minha voz está soando? Isso não passa uma boa impressão. Quem se sente vigiado parece alguém que só se interessa pelo próprio eu exterior. Por essa razão, teste antes como se apresentar. Na hora do encontro, esqueça-se de si mesmo. Dirija toda atenção ao outro. Ele sentirá seu interesse e vai considerar isso como um sinal de simpatia.

Contato visual e sorriso. Olhe para os olhos de seu interlocutor com uma expressão amistosa — no máximo por quatro segundos. Em seguida, olhe para o lado, depois volte. De modo algum encare fixamente ou baixe o olhar!

Cumprimento aberto. Nada de bom-dia murmurado por entre os dentes. Aperto de mão normal, contato visual, chame o outro pelo nome. Se vocês estão se vendo pela primeira vez, apresente-se — mesmo se o outro souber quem você é porque se trata de uma reunião agendada.

Bate-papo para quebrar o gelo. Não entre imediatamente no assunto. Crie primeiro uma atmosfera positiva com duas ou três frases gerais. Se for o caso, fale algo sobre o tempo, como encontrou o lugar ou elogie (sem exagerar) algum detalhe da decoração ou do edifício. Além disso, diga: "Estou feliz pela conversa, e interessado em saber sua opinião".

Não saia logo anunciando aquilo que pensa. Comece mostrando interesse pelo ponto de vista do outro. Ele reagiu à sua frase de introdução de maneira diferente da esperada? Não perca a calma. Vamos supor que você elogiou a decoração do escritório e o outro responde: "Eu acho essa decoração terrível, mas o que posso fazer? Foi escolha do meu antecessor". E agora? Se você o contradisser e mantiver o elogio, está colocada uma discussão antes mesmo de o tema em si ser abordado.

Se você concordar e retirar o elogio, ficará parecendo pouco honesto — como um oportunista que coloca sua bandeira sempre a favor do vento. Uma saída elegante: não faça qualquer comentário. Reaja de maneira neutra. Faça uma pergunta, por exemplo: "Como o senhor gostaria de decorar o escritório?".

Ouça as ideias do outro. Se elas lhe parecerem uma catástrofe do ponto de vista do estilo... e daí? Vale a pena brigar por isso? Diga: "Parece uma solução interessante. Faço votos que o senhor logo tenha a oportunidade de decorar seu escritório de acordo com o seu gosto". Divergências de opinião são um veneno para a simpatia, principalmente no começo. Não entre de cara num conflito. Mesmo a antipatia inicial pode ser dissipada caso você se contenha. Às vezes, você não vai com a cara de uma pessoa automaticamente. Depois de um tempo, você acaba valorizando-a. O que importa é não se retrair no seu casulo. Nos próximos tópicos, você aprenderá como superar a reserva com perguntas abertas.

Por que argumentos são danosos à simpatia

Há décadas que profissionais de venda usam o seguinte lema:

"Quem pergunta, conduz;
quem argumenta, perde".

Um bom vendedor não faz longos discursos para alardear as vantagens de seu produto. Isso torna o cliente, cansado de tanta propaganda, ainda mais desconfiado. Antes o vendedor precisa se informar sobre quais as características que o cliente espera que sua mercadoria apresente. Em seguida, ele deve mostrar que sua oferta cobre exatamente esses desejos. De preferência, por meio de uma demonstração — no caso de vendedores de carro, por exemplo, com um *test drive*.

Atrás do lema há uma noção central da psicologia da comunicação. Ela diz o seguinte: "É o receptor quem decide se a mensagem será compreendida". Em outras palavras: você pode ter os melhores argumentos do mundo, mas, se suas palavras não convencerem seu destinatário, foi tudo em vão. Como descobrir o que convence o destinatário? Perguntando a ele sobre seus interesses. Esse é o aspecto da informação da conversa.

Mas a conversa também possui um aspecto de relacionamento. Ao argumentar, você espera que seu interlocutor o reconheça como uma fonte de conhecimento.

Você dispõe de uma vantagem na informação. Você tem algo novo a dizer. Resumindo, argumentar é uma tentativa de provar a própria superioridade. Isso afeta a simpatia, pois ela se baseia no equilíbrio. Ao fazer perguntas, você trata seu interlocutor com fonte de conhecimento. Você lhe declara, indiretamente, que o considera competente para oferecer informações.

Será que isso não está apenas invertendo o problema? Será que você não estaria simplesmente se submetendo à dominação do outro? De modo algum. O lema, não por acaso, diz: "Quem pergunta, conduz". Como questionador, é você quem decide sobre o que será conversado. Você dá o tema. A cada nova pergunta, você leva a conversa para a direção desejada. Durante uma festa, ao fazer a pergunta clássica: "Com que você trabalha?", você já está anunciando o tema global. Vocês vão conversar sobre trabalho e formação — e não sobre família, lazer ou posições políticas. A resposta que você receberá lhe permite fazer outras perguntas, como por exemplo:

"Onde você trabalha?".

"Você é autônomo ou trabalha numa empresa?".

"Nosso anfitrião usa seu trabalho?".

"Ah, então será que você conhece a senhora Martens? A morena lá do canto. Ela vende seus produtos para atacadistas".

"Onde você estudou?".

"Isso parece interessante. O que você aconselharia, caso um cliente lhe perguntasse se...".

Você também pode mudar de tema, perguntando em seguida sobre o que seu interlocutor faz nas horas vagas. Profissionais de comunicação conseguem conduzir 100% uma conversa na direção pretendida por eles, embora 90% das falas provenham dos interlocutores. Pense numa entrevista de emprego. O chefe de pessoal conduz a conversa, embora seja o candidato quem fale a maior parte do tempo.

Uma conversa simpática no dia a dia não transcorre de maneira tão unilateral. Depois de ter feito algumas perguntas, seu interlocutor também começará a perguntar e você dará as informações. Há um equilíbrio. Às vezes, a conversa é conduzida por um, e o outro se apresenta. Em seguida, os papéis são trocados. Numa conversa de mão única, o papo corre o risco de se transformar rapidamente em um interrogatório. Você evita isso prestando atenção em como fazer as perguntas. Podemos refinar o lema dos vendedores:

"Quem faz perguntas abertas, conduz. Quem interroga e argumenta, perde simpatia".

A arte das perguntas abertas

Perguntas típicas de interrogatório só admitem respostas curtas:

"Onde você esteve ontem à noite?".
(fui ao cinema, fiquei lendo em casa...)
"Como foi sua viagem?".
(boa, ruim, agradável, estressante...)
"Dormiu bem?".
(sim, não, mais ou menos...)
"Este é o seu carro?".
(sim, não, infelizmente não...)

Como esse tipo de pergunta admite apenas respostas breves, você é obrigado a colocar várias em seguida em poucos minutos para que a conversa não morra. Não é de espantar que o interlocutor se sinta num interrogatório. Chamamos esse tipo de questionamento de *perguntas fechadas*. Elas são adequadas para pedir orientação, informações importantes — e para interrogatórios.

As *perguntas abertas* são mais indicadas para uma conversa. Trata-se de perguntas que incitam o outro a dar informações mais completas:
"Qual foi sua programação ontem à noite?".
(Primeiro fui ao cinema com minha namorada. Você já viu o novo filme do 007? Em seguida, fomos a um barzinho tipo *pub* que acabou de abrir. Você precisa conhecer, eles têm uma Guinness maravilhosa...)
"Sua viagem trouxe experiências novas?".
(Ah, foi tediosa como sempre. E claro que o trem já estava com um atraso de quinze minutos na partida. E os corredores estavam lotados. Eu tinha o assento reservado, mas quando um sujeito fica o tempo todo metendo a mochila no seu nariz...)
"Qual é o seu carro?"
(Um Nissan Micra. Um pouco apertado, confesso, mas cabe em qualquer vaga. E com os preços da gasolina, estou feliz por ter me decidido por um carro pequeno.)

Os exemplos mostram que todas as perguntas fechadas podem ser transformadas em perguntas abertas. Perguntas fechadas começam sem uma interrogação ("Você teria...?") ou um pronome interrogativo que requer uma indicação precisa. Entre elas estão as cinco perguntas básicas dos jornalistas: quem?, por quê?, onde?, quando? e como? As perguntas abertas começam com "Por que...", "Por que motivo...", "Como...". Ou ainda melhor: "Por quais motivos...", "Como é que...", "O que você acha de...". "O que" e "Como" podem estar no início de ambos os tipos de perguntas, o que importa é o que você vai pedir: uma informação (pergunta fechada) ou uma opinião (pergunta aberta).

Às vezes, você vai encontrar interlocutores monossilábicos, que dão respostas curtas mesmo às suas melhores perguntas abertas:

"Por que você se tornou oftalmologista?".

(Naquela época, parecia promissor.)

Se você fizer mais uma pergunta aberta e só receber uma resposta curta, a conversa se torna uma experiência frustrante. Você se esforça ao máximo, mesmo assim se sente na posição de um interrogador:

"Mas por que você escolheu justamente medicina?".

(O que mais eu poderia estudar?)

"Por que não, talvez, enfermagem?".

(Então, eu não precisaria ter feito cursinho.)

Há um truque para evitar essa armadilha. É a técnica da pergunta alongada. Em vez de fazer uma pergunta atrás da outra, não se contente com uma resposta curta, continue insistindo:

"Ou seja?".

"Para você isso significa...?".

"Por exemplo?".

"Verdade?".

"Por favor, me explique isso melhor".

Você faz isso durante tanto tempo até receber uma resposta completa. Então, coloca a pergunta seguinte. Você não precisa se preocupar em passar horas perguntando e tendo de ouvir o monólogo do outro. O desejo por simpatia — e, com ele, o de igualdade — também existe no interlocutor. Depois de alguns questionamentos, ele vai tornar a fazer perguntas. Depois de cinco a dez minutos, as falas estarão balanceadas.

Mas se ele só falar de si mesmo e não demonstrar interesse por você? Caso isso não seja motivo para procurar outro interlocutor, acrescente às suas perguntas uma explicação sobre o motivo da pergunta. Assim você mata dois coelhos com uma só cajadada.

Você evita a impressão de estar fazendo um interrogatório. Você explica qual é o seu interesse. Isso gera confiança e aumenta a disponibilidade em prestar informações.

Na explicação, você insere sua opinião que gostaria de ver comentada pela outra pessoa. Exemplo: "E por que você se tornou enfermeira? Pergunto, porque já me passou pela cabeça estudar enfermagem, mas acabei estudando biologia. Acho que não nasci para trabalhar em turnos".

Ouvir é bom, reescrever é melhor

Sua interlocutora poderia responder: "A bem da verdade, sou enfermeira especializada em crianças. Eu queria trabalhar com crianças. Afinal, a saúde é o que importa. Quando as crianças ficam seriamente doentes... Nessa hora, eu tenho a sensação de fazer algo realmente importante".

Depois dessas palavras, a jovem espera por sua opinião. Infelizmente, você acabou de explicar que esse tipo de trabalho não era para você. Não faz sentido aprofundar esse ponto. Você rapidamente poderia entrar numa discussão infinita sobre a melhor escolha profissional. Mas você quer falar sobre coisas que são comuns a vocês e não ficar analisando suas diferenças. Como continuar a conversa de simpatia?

1. Troque tantas vezes o tema até ter encontrado algo que seja comum. O que restará na lembrança não será uma divergência de opiniões não resolvida. E o que fazer se você entrar no mesmo beco sem saída no próximo tema?
2. Use a técnica das perguntas alongadas da seção anterior. Ou não diga nada. Depois de no máximo três segundos, a enfermeira voltará a falar. Quase ninguém suporta um silêncio prolongado. Você pode encorajá-la a se explicar mais detalhadamente com um rápido movimento da cabeça e um breve "Entendo". Mas isso só funciona por alguns minutos. Depois, ela vai se espantar por você não dizer nada.
3. Repita com outras palavras, em vez de confrontar a opinião dela com sua opinião divergente, aquilo que ela lhe explicou há pouco: "Então, você queria trabalhar com doentes e acha que as crianças são as que mais precisam de ajuda". Note bem, você não disse que partilha das opiniões dela. Você mostra que ouviu com atenção e que compreendeu. Essa técnica de conversação é chamada pelos profissionais de comunicação de paráfrase ou reescrita. Com ela, você consegue produzir a sensação de algo em comum apesar de conflitos de conteúdo.
4. Nomeie o sentimento que as palavras da enfermeira lhe transmite: "Você está *feliz* por conseguir ajudar as crianças doentes". Este estilo chama-se verbalizar.

Se você não quiser desperdiçar simpatia, evite os seguintes tipos de expressão de opinião:

Dúvida. "A expectativa por um emprego estável certamente foi importante na sua escolha, não?" Costumamos expressar as dúvidas em perguntas fechadas. O outro as considera uma desconfiança.

Interpretação. "Você queria sentir a gratidão de seus pequenos pacientes e dos pais?" Mesmo se esse motivo for verdadeiro, a enfermeira não o citou. Intencionalmente, ou porque não quer assumi-lo. Você não vai ganhar pontos no quesito simpatia se o verbalizar. Mesmo se a sua interpretação for de boa-fé. Sua interlocutora vai considerá-la um desrespeito. Ela se sentirá sobre o divã do analista.

Conselhos. Os homens são mestres em ter dicas simples à mão. Muitas vezes, eles acreditam que conseguem resolver os problemas de maneira mais adequada do que os outros. "Você quer ficar para sempre nessa profissão ingrata? Já pensou em estudar medicina? Sua experiência prática vai ser útil na residência." Será que a enfermeira não pensou em todas as trajetórias profissionais possíveis? Pode apostar que sim. Evite conselhos não solicitados. Eles se parecem com uma intromissão em assuntos de foro íntimo. Mesmo se a enfermeira lhe pedir conselhos, aja com inteligência perguntando antes quais possibilidades ela considerou anteriormente.

Juízo de valor. Você dá uma avaliação sobre o comentário, ele é bom ou ruim. No nosso exemplo: "Considero louvável que você tenha escolhido essa profissão, tão difícil e mal paga". No melhor dos casos, a enfermeira irá reclamar do piso salarial da categoria. É isso que você quer escutar? E o que responder para consolá-la, além da felicidade pelo olhar de gratidão das crianças? Provavelmente seu juízo de valor fará com que você assuma um ar de superioridade. A enfermeira vai entender o seguinte: "Oh, pobrezinha, você fica dando plantões por três salários mínimos, enquanto nós damos festas de arromba".

Por que perdemos as estribeiras

Quando foi a última vez que você se estranhou com uma pessoa próxima? A maioria de nós briga diariamente. Claro que preferiríamos nos dar bem com todo mundo. Quem não sonha com um mundo cheio de harmonia, sem brigas nem conflitos? A batalha diária por dinheiro, pela educação de filhos, ou pelo controle remoto da televisão é cansativa. No final, o saldo raramente é mais compreensão pelo outro. Ao contrário, restam desconfianças. Se até meus próximos me contradizem, como vou me entender com estranhos?

Quantas vezes você já se envolveu em bate-bocas pesados? Com que frequência você começou uma briga por nada? Recorde seus sentimentos. Eles são discrepantes. Por um lado, nos irritamos; por outro, sentimos uma espécie de satisfação secreta: "Finalmente mostrei para ele". Como se houvesse um diabinho sentado no meu cérebro, que esfrega as mãos quando perco o autocontrole. Depois, me arrependo. Mais uma vez, fui precipitado. E não deu em nada. O outro ficou bravo, mas não mudou de opinião.

Se brigamos apesar das nossas boas intenções de não fazê-lo, essa perda de controle deve ter bons motivos. Eles não são difíceis de entender. Cada um é único. As diferenças de personalidade dão origem a interesses, opiniões e objetivos diferentes. Eles trombam entre si na conversa. Por isso, não adianta querer manter a harmonia de qualquer maneira. Você pode ficar em silêncio durante um tempo, mas isso não faz os opostos sumirem. Ao contrário.

Vamos fazer de conta que você é extremamente econômico. Seu(sua) companheiro(a) é mão aberta. Às vezes, ele(a) resolve sair para jantar num restaurante muito caro. Ele(a) é generoso e o(a) convida. No dia seguinte, ele(a) toma um táxi, porque o trânsito o(a) deixa desanimado(a) de pegar o carro. No terceiro dia, o joguinho de computador de 200 reais é irresistível para ele(a). Uma semana depois do pagamento, ele(a) lhe pede 500 reais emprestados. Você fica bravo(a), mas não diz nada — enquanto ele(a) devolver o empréstimo direitinho.

Durante um tempo, isso dá certo. Apesar da sua irritação, você se esforça para manter a tolerância. Afinal, o dinheiro é dele. Só que de alguma maneira seu dinheiro também acaba sendo envolvido. Você precisa fazer empréstimos o tempo todo. Vocês adiam os planos de uma viagem a dois ao Caribe porque ele não conseguiria pagar sua parte. E você não vê sentido em dar a viagem de presente, para que ele continue andando de táxi... A matéria-prima para o conflito vai aumentando sem parar. A quantidade de problemas que não foram discutidos cresce. Além disso, há a má vontade de falar sobre essas coisas. Até que num dia qualquer a raiva contida explode.

Nessa hora, tudo despenca de uma só vez. Toda a raiva engolida, todos os despropósitos que foram difíceis de ser desculpados:

"Naquela vez, você...".

"Eu? Tudo por sua causa! Por você eu tive de...".

"Por minha causa? Só porque você...".

"Você faz questão disso! Você nunca...".

"Nunca? Ontem eu...".

"Aquilo que você aprontou... isso simplesmente não se faz".

"Deixe de bobagem! O tempo todo eu preciso te...".

"Você não precisa fazer nada por mim... Se você não estiver satisfeito...".

Você pode colocar qualquer assunto no lugar das reticências: o trato com o dinheiro, pontualidade, participação nos afazeres domésticos, roteiros de férias, falta de apoio na profissão. O que torna a briga tão destrutiva não são os temas, mas as fórmulas que estão por detrás das reticências.

Revolver o passado. "Naquela vez você" ou "Se você não tivesse..., então poderíamos...". Nem Deus consegue mudar o que já aconteceu. Toda briga sobre o passado é inútil. O que vale a pena é conversar sobre o comportamento no futuro. Coloque imediatamente em pauta aquilo que o desagrada — ou esqueça.

Frases com "sempre" ou "nunca". "Sempre preciso emprestar dinheiro para você" ou "Você nunca tira o lixo" — tais frases são certeiras para irritar o outro. Por quê? Um determinado comportamento o irrita. Não é a primeira vez que isso acontece, mas você nunca disse nada. Agora a paciência acabou. Por isso, você generaliza o comportamento momentâneo em um traço constante de personalidade. Seu companheiro vai sentir que tanto seu comportamento quanto a própria pessoa estão sendo rejeitados. Por causa da autoestima, a defesa empregada será veemente.

Apelação a uma norma geral. "Isso não se faz" ou "Qualquer pessoa decente iria...". Essa é a tentativa de chamar toda a Humanidade como testemunha para seu lado. Eu me comporto como todos, mas você está sozinho do seu jeito. Esse argumento não dura muito tempo. Se você cita uma norma moral que confirma seu apreço à economia, seu parceiro pode facilmente achar outra norma que condena a avareza. No final, você se distanciou do conflito em si e está brigando apenas "pelo princípio".

Recusa. Numa discussão autêntica, o resultado está em aberto. Mas muitas vezes os contendores só dividem a intenção de não mudar de opinião. Eu coloco uma exigência — e ai de você caso ela não seja aceita!

O que importa é a maneira de brigar

Esse tipo de briga destrói a simpatia. Por medo de perder o afeto, tendemos a evitar temas controversos. O outro sente a esquiva. Por que ele finalmente não me diz o que pensa? Será que tem algo a esconder? O resultado é um dilema que parece ser insolúvel. A briga custa simpatia, assim como seu evitamento.

Se você olhar para seu círculo de conhecidos, vai encontrar pessoas que não levam desaforo para casa e, mesmo assim, são muito simpáticas. Pois pessoas simpáticas são singulares e expressam suas diferenças de opinião. Mas suas manias não são malvistas. Tampouco são vistas como defeitos de caráter, que precisam ser combatidos. O que elas fazem de diferente?

A diferença está na maneira de brigar. Não é o motivo da briga que decide sobre a simpatia ou a antipatia. Nem a profundidade das divergências. Você conhece casais que vivem às turras por detalhes ridículos. E há casais oriundos de culturas muito distintas que, apesar de religião e cultura diferentes, se entendem muito bem. Eles encaram o que é diferente como uma complementação valiosa. Ou seja, o que importa é como brigar. Isso se torna claro quando damos uma olhada no objetivo da briga:

Briga destrutiva. Os contendores discutem sobre quem tem a razão. Um diz: "Eu tenho razão, e quanto antes você se der conta disso, melhor". O outro retruca: "Ah, não, você está enganado, sou eu quem está com a razão". A teimosia afasta as pessoas. Parece que só há diferenças. O fosso parece intransponível.
Briga construtiva. Os parceiros procuram por uma solução para o futuro. Sob o próprio ponto de vista, cada um tem razão. Eles procuram por pontos comuns. Eles chegam a um acordo sobre como lidar com suas diferenças nessa base.

Da briga destrutiva à discussão construtiva

Se você entrou numa briga destrutiva... como sair dela? Como conquistar simpatia e, além disso, encontrar uma solução factível para a questão? Dois passos o levam ao objetivo. Primeiro, afaste-se da forma destrutiva da discussão. Em seguida, prossiga-a da maneira construtiva.

Uma briga destrutiva tende a escalar cada vez mais, pois tem uma dinâmica própria. No começo, há uma objeção inocente. O outro interpõe um argumento mais forte contra ela. Você não se deixa rebaixar e aumenta ainda mais o tom. Depois de dez minutos, ambos estão trocando grosserias e, no final, talvez alguns pratos voem pelos ares.

Essa escalação da raiva é como um sorvedouro. Ela faz com que mesmo a alma mais pacífica comece a distribuir maledicências. Pouco a pouco, os sentimentos de raiva anulam a razão. No momento que você perceber que estão a caminho de uma briga séria, puxe o freio de emergência usando nossa regra "Quem pergunta, conduz;

quem argumenta, perde", o mais rapidamente possível. Em vez de usar seu argumento supostamente mais forte, coloque uma pergunta:

"Por que você pensa assim?".

"Como você chegou nisso?".

"Aonde você quer chegar?".

"Quais são os motivos para a sua opinião (para o seu comportamento, as suas intenções)?".

Você freia os ataques sujos, como aqueles que citei anteriormente, com perguntas fechadas. A pergunta fechada faz sentido numa briga porque o outro não pode falar muito, mas tem de chegar rapidamente ao ponto:

"Você está reclamando de qual comportamento meu, exatamente?".

"É verdade que eu faço isso sempre (ou nunca)? Sem exceção?".

"Me explique melhor o que você está querendo dizer".

A pergunta: "Então o que você sugere?" é muito efetiva. Ela muda a direção dos ataques, rumo à procura de soluções.

Agora, é sua vez de escutar. Isso será difícil, pois seu(sua) parceiro(a) irá dizer coisas que você ficará tentado(a) a retrucar. Aguente firme. Quanto mais você escutar, maior será sua propriedade ao falar: "Eu deixei você falar à vontade, agora, por favor, escute o meu lado". Se o(a) parceiro(a) se negar, coloque mais uma pergunta que o(a) faça retornar ao tema do conflito. Continue assim até que as ondas emocionais tiverem amainado.

No segundo passo, redirecione-se para o conflito construtivo. Evite uma discussão sobre o certo e o errado. Em vez disso, diga: "Vejo que temos opiniões diferentes. Gosto de planejar meus gastos, você prefere usar o dinheiro de maneira espontânea. Apesar disso, como conseguiríamos juntar dinheiro para nossas férias no Caribe?".

Discutir e, ao mesmo tempo, ganhar simpatia

Ao seguir algumas poucas regras, as pessoas ao seu redor vão gostar da sua maneira de solucionar conflitos:

Determine os objetivos da briga. Em primeiro lugar, pergunte o que cada um quer alcançar. Não faz sentido brigar porque um objetivo faz sentido ou não. Aceite os diferentes objetivos e passe a discutir a respeito de uma solução que contemple ambos os objetivos. Brigar contra o objetivo do outro não dá em nada. Seus contra-argumentos podem ser os melhores — o outro vai repeli-los. Em primeiro lugar, para não perder a pose. Se ele tivesse de confessar um erro, você ficaria ainda pior na situação. Ele nunca iria perdoá-lo por precisar expor uma fraqueza. A simpatia ficaria abalada por um longo tempo. O outro vai perceber que seu objetivo está errado assim que for a hora de concretizar as propostas.

Torne-se pessoal. Vamos supor que vocês chegaram a um acordo sobre quem faz as compras de supermercado. Mas depois de alguns dias inicia-se uma nova briga sobre os pontos do acordo: "É para eu fazer todas as compras? Achei que eram apenas as compras grandes de supermercado, quando usamos o carro. Tenho de ir atrás de todos os jornais, todos os artigos de farmácia? Eu nunca teria aceitado algo assim!".

O (mau) costume de fechar acordos que sejam pessoalmente vantajosos não atrapalha apenas na política. Uma maneira de se expressar favorece tais controvérsias. Em vez de dizer "eu" ou "você", os contendores dizem "nós", "a gente" ou "alguém". Eles colocam suas exigências, mas deixam as responsabilidades concretas em aberto. Exemplos:

"Alguém tem de comprar batata". Quem é "alguém"? Todos meneiam a cabeça, esperando que o outro assuma a tarefa. Diga: "Amanhã, ao voltar para casa, você pode trazer um saco de batata, por favor?".

"Queríamos dar um jeito na sala." O falante anuncia que está tomando a iniciativa? Ou se trata de uma exigência ao parceiro? Ele quer fazer a reforma sozinho ou dividir as tarefas?

"Isso não se faz." Enquanto a mãe não explicar quem é que faz ou não faz, a criança decide, caso a caso, se a questão se enquadra na norma ou não.

Cada "nós", "a gente" ou "alguém" faz com que desejos pessoais despareçam por trás de generalizações anônimas. Dessa maneira, é possível arrastar alguns conflitos crescentes por anos. Dê nome aos bois. Certo, quando você diz: "Quero que você...", é possível esbarrar numa rejeição. Mas a pessoa não vai fazer de conta que não é com ela. Depois de um "não", você pode pedir por uma alternativa. E essa será debatida até vocês chegarem a um consenso.

Procure por um consenso para o futuro. O acordo é a solução preferida. Ambos cedem um pouco. Trata-se de meia vitória — mas também de meio fracasso. As discussões sobre impostos e tarifas mostram isso todos os anos. Os empregadores precisam pagar salários maiores do que gostariam, mas não tão altos quanto os empregados desejam. Você pode evitar essa perda parcial ao encontrar outro tipo de solução.

Decisões compartilhadas. Hoje decido eu, amanhã você. Exemplos: Este ano vamos viajar para onde você quiser, no próximo sou eu quem decide. Hoje vou levar seu café na cama, como você gosta, amanhã você faz algo de que eu goste.

Tolerância. Vocês concordam em não concordar. Em vez disso, cada um abre mão de seu playground particular. Exemplo: aceito sua mania por futebol, se você aceitar que eu gaste tempo passeando no shopping. Muitos conflitos nem precisam ser resolvidos. Basta chegar a um acordo que permita a cada um o exercício de suas preferências.

Renúncias bilaterais. Às vezes, os desejos são irrealizáveis. Por exemplo, um tem uma rejeição incontornável em relação à proposta do outro. Ou o dinheiro só é suficiente para o desejo de um. Se ele comprar um computador novo, não vai dar para comprar também aquele maravilhoso vestido de grife. Nesse caso, o mais sensato é abrir mão de ambos os desejos por alguns meses. Até lá, muita coisa pode mudar. O casal economiza para as duas aquisições. Os desejos perdem sua urgência, novos objetivos se tornam interessantes. Ou surge por acaso uma nova solução.

Acordos criativos. Encontre uma solução para além das diferenças! Vale a pena se distanciar mentalmente do assunto quando uma briga já se instalou. Se ele não gosta dos amigos dela e ela não suporta os dele, não briguem no próximo aniversário sobre a lista de convidados. Faça uma grande festa, com todos. Peça para cada amigo trazer mais uma pessoa. Organize jogos coletivos que façam seus amigos entrarem em contato. Ou abra mão de qualquer tipo de festa. Em vez disso, pensem numa viagem romântica a dois.

Não se esqueça da reconciliação. Diga o quanto você está feliz pelo consenso. Que seu relacionamento superou ileso essa prova. Que, apesar das diferenças recém-aplainadas, as coisas comuns são mais importantes. Cite algumas dessas coisas. Festeje o acordo com uma boa garrafa de vinho. Isso fortalece o laço de simpatia.

Sete frases mágicas que geram simpatia

Além disso, cada uma das seguintes frases ajuda a desatar o nó:

"Podemos decidir isso amanhã". Permita-se um tempo no caso das questões difíceis. Ambos ganham um distanciamento interno e o conflito será abordado no dia seguinte com mais serenidade.

"Como posso ajudá-lo?" Essa questão aberta é mais eficiente do que a variação fechada "Posso ajudá-lo?". Você sinaliza atenção e oferece apoio.

"Deixe que eu resolvo isso para você." Até os homens sabem valorizar a oferta cavalheiresca de assumir um encargo. Ao lado da ajuda concreta, você sinaliza também sua solidariedade e compreensão.

"Juntos, chegamos lá." Mais importante do que a oferta de ajuda é o apoio moral. Você não abandona o outro com seus problemas.

"Vamos fazer algo juntos no domingo." Vivências conjuntas criam união.

"Em duas semanas terei terminado esse trabalho." Há luz no fim do túnel. Daí você voltará a ter tempo de oferecer atenção e tranquilidade aos amigos.

"Eu acho você simpático." A mensagem direta é mais do que um belo elogio. Reflete o carinho de volta para você.

PASSO 9
Supere os obstáculos que levam à simpatia

Acontece todos os dias. Dentro de ônibus, de metrôs, na entrada de prédios, nas lojas, na rua. Os passantes atropelam você, batem a porta na sua cara. Estranhos metem o cotovelo nas suas costelas, empurram você para o lado e ainda soltam um palavrão. Você tem de se meter no meio do trem antes de conseguir descer. De carro você também não estaria melhor. Os apressadinhos passam na sua frente, colam na sua traseira e mostram o dedo médio porque você não está ultrapassando o limite de velocidade.

O problema não é novo. Em 1981, o autor de ficção científica Stanislaw Lem imaginou um carro virtual para condutores mal-humorados. Ele oferece um canhão de laser para limpar a pista, um atirador de palavrões para serem gritados em voz alta assim como uma espécie de pinça para retirar os vagarosos e um eliminador de idosos. Segundo Lem, por trás da irritação do motorista oculta-se inveja pura: pedestres não são nada mais do que motoristas que já acharam uma vaga para estacionar.

Um ringue chamado cotidiano

Segundo pesquisas, 90% de todos os alemães desejam mais cordialidade na vida. As mesmas pessoas que há pouco chamaram sua atenção pela falta de cortesia. Pois elas próprias já vivenciaram falta de atenção. Em vez de engolir a raiva, elas a descarregam no próximo. Que vai continuar a corrente. Dessa maneira, entra em ação uma espiral descendente, na qual todos tratam todos mal. O resultado é uma sociedade que se compõe de poucos bons amigos e muitos estranhos antipáticos.

A simpatia, entretanto, é um processo recíproco. Quem desperta raiva em você também não o verá com olhos de simpatia. Você se irrita com o sujeito destrambelhado, que quase o atropela. Ele se irrita com você, que está bloqueando o corredor, justo no momento em que ele está atrasado para um importante compromisso. Evidentemente, uma batida casual dessas não precisa virar assunto de muita reflexão. Se encostar o carrinho de supermercado sem querer no tornozelo da pessoa à sua frente, você vai erguer os ombros como se dizendo "sinto muito", dar um sorrisinho e se desculpar. Mesmo se ela continuar xingando, você não precisa dar maior atenção. Ela já terá se esquecido do incidente até vocês se encontrarem de novo.

Mas passamos diariamente por confrontações semelhantes com pessoas importantes. Horas marcadas que não são cumpridas, observações grosseiras ou irrefletidas, mal-entendidos, ouvir pela metade — há inúmeras saias justas escondidas no nosso cotidiano. A impressão que você deixa nesses encontros furtivos é decisiva para sua imagem. A começar pelo fato de que são muito mais frequentes do que conversas profundas, nas quais você abre sua alma.

Se você conseguir superar as pequenas confrontações do cotidiano com simpatia, as vantagens virão em dobro:

1. Em questão de segundos, você passará uma impressão de simpatia para os mais diversos tipos de pessoas.
2. As pessoas ao seu redor se transformarão diante de seus olhos: rapidamente, passarão de estressados mal-humorados a companheiros simpáticos. Pois aqueles que o consideram simpático também irradiarão a própria simpatia.

As cinco saias justas mais frequentes

Quem não conhece situações constrangedoras, quando tudo o que queremos é que o chão se abra para nos engolir! Exatamente porque queremos acertar sempre, algumas situações que os outros levam numa boa são desagradáveis para nós. Em geral, porém, o medo de que os outros reajam com desdém à minha falha é injustificado. Observadores de um incidente são menos duros na sua avaliação do que o próprio azarado. Um estudo da Universidade de Essen, na Alemanha, mostrou que eles sofrem junto com a pessoa, mas não a avaliam. O criador da saia justa é o único a se repreender.

A regra mais importante para superar os constrangimentos com simpatia é a seguinte: não tente evitar de antemão qualquer deslize! Quem passa pela vida com grande cautela, pisando no chão como se estivesse caminhando por um terreno minado, está especialmente vulnerável a incidentes. Não se trata de se resguardar das saias justas, mas de saber como sair delas com elegância. Só quem caminha sem medo pelo campo minado social possui uma energia natural que gera simpatia. Conhecemos cinco tipos de constrangimentos que ninguém pode evitar o tempo todo:

Ofensa involuntária. Você elogia os cabelos fartos de uma senhora idosa, mas trata-se de uma peruca depois de uma quimioterapia. Você diz: "Como você emagreceu!", mas a jovem acabou de superar uma doença grave. O mal-entendido surgido pela falta de conhecimento sobre as circunstâncias de vida das pessoas ao seu redor nunca é totalmente evitável. Desculpe-se brevemente, peça as informações e demonstre simpatia.

Exposição. Você falou mal e a pessoa em questão ouviu. Você queria guardar um segredo e é flagrado ao revelá-lo. Você afirmou que conhecia alguém importante; de repente, esse famoso entra na sala e você é desmascarado. Como mentimos até umas duzentas vezes por dia, segundo um estudo norte-americano — muitas vezes com boas intenções, para poupar sentimentos delicados —, você precisa contar com a possibilidade de ser pega em flagrante. O melhor a fazer é encarar a falha com bom humor. Assuma sua fraqueza e ria das suas imperfeições.

Comportamento inadequado. Apesar de todos os cursos de etiqueta, às vezes mesmo o mais bem-educado vai contra a etiqueta. Não é sempre fácil reconhecer o que é mais adequado fazer em cada situação. Exemplos típicos: você faz uma pergunta pessoal e a resposta é um silêncio constrangedor ou uma boa lição. Você toca num tema que todos consideram de mau gosto. Você não encontra o tom certo para se dirigir às pessoas. Ou você escorrega de maneira não verbal: um arroto escapa sem querer, você derruba café sobre o casaco de alguém ou cai sobre a mesa do bufê. Nesses casos, uma desculpa curta, arrependida, é o melhor a fazer.

Omissão. Quem acha que as pessoas que não fazem nada também não entram em saias justas está enganado. A omissão também pode ser constrangedora. Por exemplo, quando você se esquece de apresentar um convidado importante. Ou, ainda pior, você nem o convidou. Aqui, também, só uma desculpa e uma reparação ajudam. Nem tente fazer de conta que queria poupar o convidado de uma noite sem importância!

Desconhecimento. Esse erro acontece quando você não sabe de algo que todos acham que você deveria saber. O caso mais conhecido, que aparece em inúmeras comédias no cinema, é a troca. Você aborda alguém com o nome errado, convida o errado ou faz alguma observação ridícula, porque não entendeu direito o tema da conversa. Interrompa o que estiver dizendo imediatamente ao perceber que as pessoas reagem de maneira incomodada. Diga: "Acho que me enganei". Então, assuma seu desconhecimento e peça as informações que lhe faltam.

Como sair das saias justas com elegância

Geralmente, vale o seguinte: quem se aferra ao seu engano, desperta rejeição. Quem assume o seu erro e se desculpa, desperta simpatia. Todos sabem que podem passar pela mesma situação. Todos se lembram de constrangimentos semelhantes do passado. Por isso, as pessoas que assumem suas próprias fraquezas despertam empatia. Além disso, incidentes não são constrangedores apenas para o seu causador, mas também para os observadores. Eles querem resolver a situação o mais rapidamente possível. Por isso, ficam gratos a todos que faça o ocorrido ser logo esquecido.

Por que os convidados devem manter você como o causador de uma saia justa? Com a tática apresentada a seguir, você será lembrado como o ajudante simpático, que salvou a noite:

Desculpas. Se o incidente está claro, não tem sentido fazer de conta que nada aconteceu. Perfeito e inatacável não é aquele que escapa de todas as ciladas — isso só aconteceria caso a pessoa vivesse numa bolha —, mas aquele que sabe lidar bem com suas fraquezas. Evite justificar o seu comportamento. Mesmo se tivesse havido bons motivos para o seu erro, ele continua sendo um erro. Diga apenas: "Sinto muitíssimo, isso é extremamente constrangedor para mim". É preferível você ampliar seu erro a diminuí-lo, pois as pessoas vão consolá-lo, dizendo: "Fique tranquilo, não foi tão grave assim".

Distração. Não mantenha o incidente em primeiro plano durante muito tempo. Evite que o erro se torne assunto da conversa. Faça uma pergunta sobre um tema bem diferente. A maioria de nós tem dificuldade em se concentrar em mais de um assunto. Um novo problema faz com que a saia justa de antes seja logo esquecida. Alguns exemplos para boas distrações:

"Eu queria provar o vinho tinto italiano. Alguém me acompanha até a cozinha?".

"Vocês já viram a vista linda que se tem da varanda?".

"Onde está a Juliana, afinal? Ela disse que queria nos contar uma novidade".

Mude de assunto. Às vezes, já percebemos o erro enquanto ele ainda está em processo. Resista à tentação de falar a frase até o fim. Interrompa-se imediatamente, mesmo no que meio da palavra. Dirija rapidamente o pensamento de seus interlocutores para outro assunto (veja o ponto anterior). Um exemplo: você está no aniversário de uma amiga e descobre um vaso absolutamente horroroso, e diz de maneira irrefletida "Puxa, quem é que dá uma coisa dessas de presente!". E pelo olhar da pessoa à sua frente, você percebe que está diante da autora do regalo. Se você reagir com presença de espírito, pode transformar sua exclamação em algo positivo: "Eu bem que estava precisando de um assim". Se não, mude de assunto: "De onde mesmo você conhece Irina?".

As táticas mais frequentes — negar o incidente ou achar desculpas — não dão certo. Quem é bem-educado vai fazer de conta que acredita na desculpa. Mas está irritado sobre a tentativa de considerá-lo burro. Isso custa pontos no quesito simpatia. Uma exceção são as desculpas engraçadas, com as quais você não descarrega a culpa nas costas dos outros. Nesse caso, ser autoirônico traz ganhos na simpatia. Alguns exemplos:

Depois de um mal-entendido, "Fiquei pensando o tempo todo por que gostei tanto do seu vestido e por isso nem me toquei que vocês tinham trocado de assunto".

Depois de uma afirmação sem nexo sobre o tema errado, "Estou vindo direto do dentista. Ainda estou sofrendo os efeitos colaterais da anestesia".

Se você se esquecer de um nome ou se trocá-lo, "Tenho um atestado médico de memória fraca. Dessa vez, eu queria ter trazido um bloco e anotado todos os nomes, mas claro que eu acabei me esquecendo do bloco...".

O convívio com pessoas antipáticas

Você está lendo este livro para aumentar seu grau de simpatia, e uma série de outras pessoas teria mais necessidade disso... Você vive encontrando gente que gostaria de evitar da próxima vez. Porém, às vezes isso não é possível, como, por exemplo, quando se trata de colegas, clientes ou cônjuges de nossos parentes e amigos. Você também não é simpático com essas pessoas — senão elas iriam se comportar de outra maneira com você. Em alguns casos, você pode não se importar com isso. Mas, em relação aos contatos importantes, você precisa ter a capacidade de despertar simpatia também em pessoas pouco amáveis. Senão o relacionamento com elas será sempre desagradável. E algumas podem sentir o mesmo que você. A primeira impressão é discordante, mas atrás da casca grossa se esconde um ser humano interessante, encantador.

Considerar um interlocutor "difícil" é sempre um sinal de comunicação com ruídos. Nesse caso, a regra básica é a seguinte: não ignorar o ruído, mas neutralizá-lo. E, então, uma conversa simpática será possível. Apresentarei algumas regras para tratar com interlocutores antipáticos.

Ególatras. Trata-se de pessoas que consideram os outros como espelhos do próprio eu. Na realidade, elas merecem nossa pena. Pois quem só gira em torno de si próprio quase não aproveita o mundo. Só quem se interessa pelos outros aprende coisas novas. Você reconhece os ególatras a partir dos seguintes comportamentos, entre outros:

- Eles falam quase que exclusivamente sobre seus feitos heroicos.
- Eles não deixam seus interlocutores falarem até o fim.
- Eles não prestam atenção. Eles apenas esperam pelas palavras-chave, com as quais podem retomar seus temas preferidos na conversa.
- Eles fazem com que os outros os elogiem: "Não fui o máximo?".

Parar o fluxo verbal de um ególatra não é tão difícil. Faça-lhe uma questão fechada. Você se lembra: uma pergunta fechada é formulada de tal forma a permitir apenas uma resposta breve, como, por exemplo, "sim", "não" ou "não sei". Tais perguntas começam com "Quem...?", "Onde...?", "Quando...?" ou sem um pronome interrogativo. Por exemplo:

"Foi a primeira vez que isso aconteceu com você?".

"Como exatamente você topou com ele?".

"Qual o nome da pessoa?".

Quando o ególatra recomeçar o monólogo depois da resposta curta, faça-lhe uma segunda e uma terceira perguntas do mesmo tipo. Sem sucesso? Em seguida, você tem duas possibilidades:

Leve-o a falar sobre outro tema, sem relação com sua pessoa, a partir de uma pergunta aberta. Por exemplo: "Tudo indica que seu sócio passou a perna em você. Quais leis deveriam ser mudadas para que algo assim não se repetisse no futuro?".

Com essa pergunta, você desvia a atenção doególatra da sua própria pessoa e o conduz a um problema social, que também interessa a você.

Ou você anuncia que a partir desse momento você gostaria de discorrer sobre seus problemas: "Você se interessa pela minha experiência nesse assunto? Você gostaria de ouvir a minha história?".

Se várias pessoas estiverem envolvidas na conversa, entregue a palavra a um terceiro: "Gostaria de saber as experiências dos outros. Ivone, você já lidou com clientes desse tipo?".

Os que sempre têm uma resposta pronta. Você é mulher e está voltando para casa, tarde da noite, do teatro. Depois de estacionar o carro, você se apressa até a porta de casa. Um sujeito cambaleante com bafo de bebida vem em sua direção e diz: "Ei, benzinho, a gente não se conhece de algum lugar?". Você responde: "Dos meus piores pesadelos".

Numa festa, você está em meio a uma conversa animada sobre arte e cultura. Um convidado quer impressioná-la e diz: "Você é mesmo inteligente!". Você responde: "Mas como você consegue avaliar isso?".

Ter uma resposta pronta é uma capacidade admirada. Há workshops sobre o tema. Você pode amealhar aplausos com sua rapidez na resposta — entre terceiros que não estão envolvidos. O público vai apreciar sua presteza verbal. Bem diferente é o efeito que isso causa na pessoa contra quem ela é dirigida. Ela vai sentir suas palavras como um ataque. É possível se defender desse jeito em relação a um estranho inconveniente. Mas, e para ganhar simpatia? Ter uma resposta pronta é uma arma verbal. Quem gosta de ser motivo de piada?

Pior ainda é quando o humor não é reconhecido, a graça cai no vazio. Pois o humor, muitas vezes, é ambíguo. A frase "Hoje você está ótimo" pode ser irônica. Pode ser um elogio sincero, mas também uma crítica velada. Justin Kruger e seus colegas da New York University descobriram que notícias que eram para ser engraçadas muitas vezes são entendidas de maneira errada. No caso de e-mails, apenas 63% dos destinatários tinham interpretado corretamente o humor pretendido pelo remetente. Em conversas cara a cara, esse índice sobe para 74%. Mas, em ambos os casos, 90% acreditavam ter se expressado claramente ou ter entendido a mensagem claramente. Isso significa que pelo menos cada quarta piada não dá certo.

Nada contra uma conversa bem-humorada com tiradas engraçadas. Mas cuidado quando a ironia se dirige contra o interlocutor. Ajude-o a sair do constrangimento fazendo-lhe perguntas objetivas. Dessa maneira, você pode estar certo de contar com sua simpatia. Se você for vítima de ataques de ironia, não entre no jogo de maneira alguma! A posição de perdedor já está reservada para você, independentemente de você ser tão ou mais hábil no manejo com as palavras. Os espectadores vão admirar sua força verbal, mas pensarão: "Uma pessoa amável não teria levado a discussão até o final amargo, mas teria saído a tempo com um gesto de reconciliação". Perdendo, sua autoestima vai sofrer, mesmo se os espectadores sentirem empatia por você.

Como neutralizar ataques irônicos? Existem alguns métodos inteligentes, com os quais você ganha simpatia e respeito. Sem bater de volta, sem atacar ninguém. Vamos supor que você acabou de externar sua opinião sobre a reforma do sistema de saúde, usando uma informação dos jornais. Seu interlocutor diz: "Que bom que ainda tem gente que acredita em tudo o que os jornais dizem".

Não comece a se defender agora! Não tente apoiar sua opinião com outros argumentos. Desse modo, você estaria apenas oferecendo novos pontos de ataque para o engraçadinho. As seguintes táticas são muito mais elegantes:

Confirmar verbalmente e insistir. "Está certo. Sou assim. Mas parece que você está mais por dentro que os jornalistas. Por favor, me diga exatamente como as coisas funcionam de verdade e qual sua fonte."
Fazer uma pergunta objetiva sobre o tema. Você foca o conteúdo, mas ignora o ataque irônico. "Quais são suas fontes nesse caso?"
Elogiar. "Você parece ser um leitor bem crítico. Como conseguiu descobrir que o jornal mentiu aqui?"
Mudar a iniciativa. Você apenas responde: "Ah, é?". O interlocutor fica obrigado a justificar seu contra-argumento. Você aguarda até que ele se apoie em informações que também não são de primeira mão. Agora você pode relaxar e perguntar: "Quais são suas fontes? Como você sabe que elas são confiáveis?".

Mal-humorados e os facilmente emburrados. Quase todas as semanas as revistas nas bancas estampam artigos sobre o poder do bom humor. Pessoas alegres têm mais amigos, são mais saudáveis, vivem mais e têm mais sucesso na profissão. No final, é quase certo encontrar o apelo: "Pense positivo!". Posso acrescentar mais um ponto: elas também são mais populares do que as mal--humoradas, pois relacionar-se com elas é tranquilo. Mesmo se você acabar soltando uma observação desajeitada, as bem-humoradas não vão ficar chateadas com você durante muito tempo.

Vir ao mundo com um sorriso no rosto, ou não, é, em parte, uma questão de primeira infância, quando os adultos têm sua personalidade definida. Em outras palavras: aquele que não gosta das suas piadas aos vinte e poucos anos certamente não vai mudar aos quarenta ou aos sessenta.

Quando nos relacionamos com resmungões e pessimistas, o perigo da saia justa é especialmente alto. As regras contra os constrangimentos relacionadas acima são uma importante ferramenta de sobrevivência nesse caso. Além disso, conheça algumas dicas extras:

Evite brigas. Se você tiver outra opinião, mantenha-a para você. Você não precisa concordar. Diga apenas: "Entendo por que você enxerga as coisas desse jeito".

Nã mantenha muita proximidade. Mantenha-se distante e cortês. Seja cuidadoso principalmente com piadas e tiradas espontâneas! Fale de maneira objetiva, neutra. Estudos mostraram que os pessimistas têm uma visão de mundo mais realista do que as pessoas alegres.

Prefira se desculpar em excesso. Se mesmo assim você acabar num conflito verbal, peça desculpas. Mesmo se você achar que está com a razão. É mais inteligente não criar inimizades com pessoas complicadas. Para não ter de mentir, não se desculpe pela opinião expressada, mas pelo sentimento desgostoso de seu interlocutor: "Sinto muito, eu não queria magoá-lo".

Pessimistas. Trata-se de pessoas que só se lamentam e acham tudo ruim e também são desconfiadas no trato com os outros. Faça de conta que você é advogado e que conheceu uma jovem numa festa. Assim que você diz no que trabalha, ela rebate: "Ah, eu desconfio de todos os advogados. Eles enriquecem com o sofrimento dos outros". Resista à tentação de defender a profissão, mesmo tendo ótimos exemplos para citar sobre como ajudou clientes a ganhar dinheiro. É melhor perguntar: "Que pena. Parece que você teve más experiências. Fale sobre elas". Se a jovem relatar uma experiência pessoal, no mínimo você terá ouvido uma história interessante. Talvez, porém, ela solte apenas um pré-julgamento corrente. Nesse caso, ela ficará insegura assim que você quiser mais detalhes. E grata quando você trocar de assunto depois de algum tempo. No final, vocês podem concordar que os advogados deveriam basicamente trabalhar em benefício dos clientes.

Relacionar-se com pessoas que acham tudo ao seu redor ruim é mais fácil. Mostre compreensão e retruque com boa dose de bom humor. Mesmo o maior pessimista prefere a companhia de pessoas que têm uma postura básica positiva. Afinal, ele é o pessimista, e não gosta de competir com os outros no quesito "enxergar desgraças". Diga: "Sim, eu também acho ruim que os pimentões estejam cheios de agrotóxicos. Mas você sabe de uma coisa? A salada está deliciosa!".

Sabichões e certinhos. Você conhece aquele tipo de gente que dá palestras longuíssimas em qualquer reunião informal? Essas pessoas querem ser admiradas e alcançam exatamente o oposto. A contrariedade de seus ouvintes não consegue fazer com que elas se calem. Na verdade, incitam ainda mais seu ímpeto missionário. Sabichões explicam o mundo. Os certinhos se apresentam como os especialistas em questões práticas do cotidiano. Eles sabem como uma mulher "perfeita" se veste, como uma mãe "perfeita" cuida da casa e qual a maneira correta de se alimentar.

Seu comportamento atesta um interesse muito reduzido pelas pessoas ao seu redor. Essas também sabem quais são os parâmetros de uma boa alimentação, mas ela se permite pequenas transgressões contra o estilo de vida perfeito. Os sabichões tendem ao monólogo, porque não tem a empatia necessária para um diálogo. Como se defender de uma maneira diplomática?

Questionar as afirmações. "De onde são esses dados? Onde você leu isso?" Ao retrucar, você acende o ímpeto do pessimista. Mas, ao perguntar por detalhes, ele se torna cuidadoso, prestando atenção em dizer somente coisas que pode comprovar. Isso freia a torrente verbal de qualquer um.

Trocar o tema. Não fique ouvindo por educação. O sabichão vai se aproveitar da sua paciência, sem dó. Troque o tema. "Ah? Nesse contexto, eu queria saber..." E daí pergunte algo bem diferente, como, por exemplo: "E como vai sua namorada, a Júlia?".

Encerre a conversa. Você não precisa ficar escutando, entediado. Não é deselegante se afastar da palestra: "Sinto muito, mas hoje estou cansado demais para falar sobre saúde. Que tal um drinque com muito álcool e pouco gelo?".

Intrometidos. Quantas vezes você já se irritou com gente desrespeitosa? Música alta até as quatro da manhã, cortar a grama no domingo ao meio-dia, visitas-surpresa em horários impossíveis, colegas que reviram suas coisas — a lista vai embora. Já citei as causas das atitudes agressivas no segundo passo. Em geral, as pessoas não se dão conta da inadequação do próprio comportamento. Como se defender?

Se você conseguir limitar o comportamento inadequado, um aviso claro ajuda: "A partir das oito não quero mais visitas-surpresa. Nem se for uma exceção. Por favor, ligue antes". Suas amigas podem ficar magoadas num primeiro momento, mas irão respeitar o seu desejo. Depois de alguns dias, a irritação passa. Importante: não se desculpe pela sua colocação. Não dê justificativas. Isso só serviria como convite para discutir a questão, mais ou menos assim: "Ora, veja bem, isso não acontece sempre. Você sabe que não consigo prever de antemão quando terei tempo livre".

Se a intromissão for uma característica geral de personalidade — ou seja, não é possível limitá-la a um determinado comportamento —, comece a conquistar mais distância. Todos nós classificamos as pessoas que conhecemos numa escala de proximidade, do distanciamento formal ao companheirismo informal. "Formal" significa lidar com alguém seguindo estritamente as regras de comportamento. Algumas delas são as seguintes:

Evite temas confidenciais e íntimos como fofocas. Se seu interlocutor quer lhe confidenciar segredos de terceiros, troque o tema e faça uma pergunta sobre um assunto banal.
Introduza regras de comportamento formal. Usando como desculpa a falta de tempo, sugira que vocês se encontrem apenas com horários marcados. Isso fará com que a pessoa não apareça de repente diante da sua porta. Aproveite essa oportunidade para diminuir pouco a pouco o número dos encontros.
Peça consideração se necessário. "Será que você podia se sentar um pouco mais para lá? Estou me sentindo incomodada desse jeito." Se a pessoa perguntar "Você tem alguma coisa contra mim?" ou "Meu hálito está forte?", repita apenas: "Me sinto melhor assim". Não dê justificativas que convidem à discussão. Ela enfraqueceria a firmeza de sua postura. E, sem querer, você acabaria falando alguma coisa que realmente machucaria o outro.

A volta do bom comportamento e das boas maneiras. Não faz muito tempo que os pais queriam educar os filhos, em primeira linha, como indivíduos egoístas que abriam seus caminhos a cotoveladas. No final do último século, quando a economia estava muito aquecida, aqueles que se impunham de maneira inescrupulosa pareciam agir da maneira mais eficiente. Segundo um estudo do Ministério da Família da Alemanha em 2006, o desejo por filhos autoconfiantes despencou para os últimos lugares. Os objetivos mais desejados na educação agora são comportamento, cordialidade, economia e honestidade. Os adultos também estão valorizando entre si o bom comportamento. Três quartos de todas as mulheres desejavam expressamente "um homem com educação". As virtudes interpessoais que não são dependentes de nenhuma conjuntura se tornam mais valorizadas.

O setor do bom comportamento está aquecido desde 2004. Quem domina os rituais da etiqueta alcança mais facilmente o sucesso social. O mesmo vale para o trânsito nas ruas. Tanto faz se o motorista dirige um Porsche ou um carro popular: a preferência não é determinada pelo mais forte, mas pelas regras de trânsito, que são válidas para todos. Boas maneiras expressam respeito, que muitas vezes se perde no relacionamento cotidiano. Nessa hora, os cônjuges e os chefes e seus subordinados se tratam num tom irritadiço, que oscila entre mau humor e leve desdém.

Se você estiver metido numa relação desse tipo, a causa para a falta de simpatia pode estar aí. Tente tratar seus próximos por duas semanas com boa educação. Sem exagero, claro. Isso significa:

Não faço piadinhas sobre as fraquezas dos outros.
Comporte-se corretamente nos pequenos gestos. Abrir a porta, cumprimentar com gentileza, dizer obrigado e por favor.
Seja pontual e confiável. Só prometa aquilo que é possível cumprir. Caso você perceba que vai perder um prazo, ou não conseguirá respeitar um combinado, avise com antecedência.
Mostre interesse pelos outros. Dirija-se a eles pelo nome. Olhe em seus olhos durante a conversa, em vez de já se virar para o próximo interlocutor.
Adiante-se em pequenas coisas. De vez em quando, faça algo que não é sua obrigação: assumir uma entrega, carregar objetos pesados, ajudar na arrumação.
Não imponha nada. Ofereça amigavelmente seu apoio, mas deixe o outro livre para chamá-lo ou não.

Não aponte os erros de comportamento dos outros. Muitas pessoas que frequentam cursos de boas maneiras não aproveitam seus novos conhecimentos para se comportar de maneira diferente daquela de antigamente, mas para ficar testando os outros. Isso mostra que eles aprenderam as regras, mas não seus objetivos.

Não tenha medo de erros de etiqueta! O mais importante nas boas maneiras é sua postura interna. Respeito e paciência são mais importantes do que a sequência correta na hora de apresentar as pessoas. Nada de evitar a apresentação com medo de errar!

O que importa é a postura interna.
Essa afirmação pode parecer evidente. Mas o problema está nos detalhes. Cheque se você sabe, a partir de sua postura interna, como se comportar corretamente nos seguintes casos:

Sua amiga lhe pergunta se seu novo vestido ficou bom. A resposta sincera seria "não". O que você diria?

Errado: criticar a pessoa, ou seja, "Sinceramente, você fica horrível com ele".

Certo: criticar apenas o vestido, "A cor é complicada. Não valoriza em nada sua pele e seu cabelo".

Alguém quer marcar um encontro, mas você não está interessada.

Errado: achar desculpas como "Não posso receber visitas, senão estou encrencada". Isso dá ao outro a oportunidade de fazer outras sugestões, a fim de contornar o problema.

Certo: recusar de maneira simpática, mas determinada. "Obrigada pelo convite. Mas no momento estou muito enrolada e não tenho cabeça para um relacionamento".

Você encontra alguém que há semanas quer um retorno seu pelo telefone.

Errado: inventar uma desculpa inverossímil, "Eu queria mesmo te ligar, mas sempre tinha algo para fazer".

Certo: reaja positivamente, "Que bom te ver, daí não preciso ligar". Marque um encontro ou reserve alguns minutos para a conversa.

Você vê alguém que lhe parece familiar, mas não tem certeza. Abordar a pessoa ou não?

Errado: ficar olhando, tenso, para uma vitrine ou (numa festa) para um outro canto, para poder dizer, se necessário, que não viu a pessoa.

Certo: se a pessoa em questão estiver passando do outro lado da rua, você pode ignorá-la. Num ambiente fechado (festa, sala de espera), apresente-se:

"Acho que o conheço, mas não sei de onde". Assim você evita a saia justa de não ter feito nada (veja acima) e evita ao mesmo tempo uma dúvida, sobre a qual você poderia, durante dias, quebrar a cabeça — a não ser que o outro esteja tão inseguro quanto você, pois a investigação conjunta sobre um possível conhecimento anterior pode ser o início de uma maravilhosa amizade.

PASSO 10
Multiplique sua simpatia no dia a dia

Até aqui, você aprendeu muitas dicas para alcançar mais simpatia e popularidade. A vantagem: mesmo se você seguir apenas duas ou três, sua imagem positiva vai melhorar visivelmente. Às vezes é bem difícil modificar antigos hábitos no relacionamento interpessoal. Pois, para isso, você precisa dos outros e eles não sabem que a partir de agora algumas coisas devem andar de outro jeito. Por isso, sugiro no final um programa de iniciação de duas semanas para uma vida com mais simpatia mútua e sucesso social. Vou ressaltar algumas das regras centrais deste livro, que levam a uma mudança bastante rápida e eficiente em direção ao positivo. O programa acompanha o ritmo da semana. Depois de cinco dias de exercícios, seguem-se dois dias de descanso ou de recuperação. Por isso, é melhor começar numa segunda-feira.

Torne-se simpático em duas semanas

Dia 1. A partir de hoje, trate todas as pessoas com simpatia. O vizinho rabugento, o burocrata colérico do setor de benefícios, a mulher estressada da cantina, os amigos irritantes de sua filha — como você as trataria se elas lhe fossem simpáticas? Independentemente do que elas lhe disserem, não comece uma briga. Mantenha-se amistoso. Não contradiga. No pior dos casos, fale: "Entendo o que você está querendo dizer". Sem concordar. Caso isso seja muito difícil com um ou com outro, lembre-se de que são apenas catorze dias! Se ao final de nosso pequeno programa de iniciação você não estiver aguentando mais, tudo bem voltar às suas rejeições atuais. Mas experimente e observe o que acontece:

- Cumprimente todas as pessoas de maneira amistosa.
- Chame-as pelo nome.
- Pergunte pelo seu bem-estar, de onde estão vindo ou qual a programação do dia.

- Reserve dois minutos para escutá-las.
- Neutralize ataques antipáticos com as dicas e os truques dos passos 8 e 9.
- Deseje sucesso e se despeça com um "Tudo de bom, até a próxima".

No primeiro dia, este é seu único exercício. Mas teste o novo comportamento com todos que encontrar nesse dia e observe como eles vão reagir.

Dia 2. Continue com os exercícios do dia 1. Agora, acrescente os três primeiros exercícios de contato do passo 4: neste dia, caminhe por meia hora por uma rua movimentada. Aproveite o trajeto para o trabalho ou para as compras. Tire o relógio de pulso.

- Olhe para os olhos de todos que passarem por você durante dois segundos e acene brevemente com a cabeça, como se fossem velhos conhecidos.
- Pergunte as horas para três pessoas e agradeça pela informação.
- Cumprimente cinco pessoas que você conhece de vista com um breve sorriso e um bom-dia amistoso.

Planeje uma festa para o final de seu programa de iniciação de simpatia, ou seja, para o próximo fim de semana. Determine a data e quem você vai convidar. Faça uma lista. Se você não conseguir juntar gente suficiente, planeje algo menor: uma noite para jogar cartas ou simplesmente uma reunião informal com as pessoas que você considera simpáticas. Não é preciso gastar muito. Passe a ligar para todos da sua lista, converse por alguns minutos e faça o convite. No caso de não conseguir falar com alguém, deixe recado na secretária eletrônica pedindo um retorno. Ainda há tempo suficiente para você fazer as ligações faltantes.

Dia 3. Acorde dez minutos antes do que de costume. Comece a manhã com uma ginástica especial. Se possível, coloque-se diante de um espelho de corpo inteiro. Agora, faça os cinco exercícios da postura ereta do passo 5:

- **A árvore que cresce para o alto.** Uma força invisível está puxando seu couro cabeludo em direção ao céu, seus ombros caem para trás.
- **O bambu que se verga.** Fique de olhos fechados por um minuto, sinta como seus músculos mantêm seu corpo ereto por meio de movimentos ínfimos.
- **O cantor feliz.** Dê alguns passos pelo seu apartamento e entoe a plenos pulmões uma canção alegre. Você vai perceber como seu corpo vi ficar na posição ereta e ideal.

- **O sol gracioso.** Coloque-se na posição de "árvore que cresce para o alto" diante de uma cadeira. Sente-se de maneira suave e sem trancos. Levante-se com a mesma fluidez. Repita o movimento dez vezes.
- **A árvore que caminha.** Caminhe durante cinco minutos em seu trajeto para o trabalho — ou dê uma volta ao redor da empresa — com a postura ereta, a cabeça erguida, as costas alinhadas, ombros caindo sem tensão para trás. Sinta-se como um vencedor, que vai superar o dia com facilidade.

Tente manter essa postura durante todo o dia. Inclusive enquanto você continua com os exercícios dos primeiros dois dias.

Dia 4. Continue com os exercícios. Além disso, mantenha uma conversa simpática com um conhecido distante segundo as regras do passo 8. Escolha alguém com quem você mantém um relacionamento neutro — nem rejeição nem amizade íntima. Pode ser um colega de trabalho, um vizinho ou alguém que o acompanhou em algum programa no passado. Caso você não se encontre com ninguém assim neste dia, ligue. Aproveite um assunto que a pessoa conheça para pedir informações. Comece com um elogio. Exemplo: "Sei que você é muito bem informado, então acho que saberia me dizer se a taxa licenciamento foi mudada há pouco. Você sabe qual é o índice atual?". Escute. Pergunte sobre detalhes. Elogie a boa memória de seu interlocutor. Ou se ele também não sabe, seja compreensivo, por exemplo: "Complicado, não é? Eles mudam tanto que é difícil se manter informado, mesmo lendo o jornal todos os dias". Troque mais algumas frases sobre assuntos pessoais (trabalho, família) e agradeça pela disposição em ajudar.

Dia 5. Continue com os exercícios propostos:

- Comece o dia com exercícios para a postura ereta.
- Trate todas as pessoas com simpatia.
- Cumprimente desconhecidos com um aceno de cabeça e um sorriso breve, e os conhecidos de vista com um bom-dia.
- Tenha uma conversa simpática com pelo menos uma pessoa.

Como o fim de semana está batendo à porta, vamos ampliar o último exercício. Pergunte a um conhecido se você pode dar uma passadinha para pedir uma explicação sobre um aplicativo ou programa de computador. Você também pode dizer a um esportista amador: "Gostaria de fazer mais por minha saúde. Você poderia correr dez minutos comigo e me explicar o que é importante?".

Dias 6 e 7. No fim de semana, você pode descansar dos exercícios. Lembre-se do compromisso que você marcou no quinto dia. Ouça as explicações solicitadas. Agradeça e se ponha à disposição para ajudar na sua área, se necessário. Em casa, faça um balanço. O que você sentiu durante os exercícios? Como foram os encontros? O que funcionou bem e o que não deu tão certo? Prepare-se mentalmente para os exercícios da semana seguinte.

Dia 8. A partir de hoje, comece com o segundo nível dos exercícios de contato do passo 4.

Entre numa loja qualquer. Compre um objeto não muito caro como presente. Diga: "Não estou bem certo se é isso mesmo o que me pediram. Posso trocar ou até devolver, se for preciso?". Feche a compra apenas se o vendedor lhe assegurar que a troca é possível.

Ligue para sua biblioteca e pergunte se um best-seller atual está disponível. "Você tem o primeiro livro da série *Crepúsculo*? Ou está emprestado?". Melhor ainda, use a competência da bibliotecária, ao fazer de conta que você se esqueceu do título do livro: "Procuro por uma série que deu origem a vários filmes de vampiros, que fez muito sucesso entre os adolescentes. É uma tradução, mas me esqueci do nome. A senhora pode me ajudar?".

A partir de hoje, não só cumprimente a vendedora e o carteiro, mas inicie uma conversa rápida sobre o tempo ou o trabalho deles.

Dia 9. Continue com os exercícios de contato:

Envolva três vizinhos ou colegas de outros departamentos com os quais você encontrar por acaso num breve bate-papo.

Vá à loja e devolva o objeto comprado no dia anterior. Agradeça novamente pelo direito de devolução.

Ligue para a polícia federal e o posto da previdência social e informe-se sobre os horários de funcionamento. Faça mais uma pergunta sobre um assunto específico: "Preciso renovar meu passaporte. Quanto tempo está demorando?" ou "Quais os documentos necessários para dar entrada no pedido de aposentadoria?". Agradeça pela disposição em ajudar, mesmo se você só falou com a telefonista que não sabia lhe dar nenhuma informação.

Ligue para uma pessoa que você conhece há tempos, mas não vê há muito tempo porque mora bem distante, para conversar um pouco. Informe-se sobre as novidades. Diga: "Acho um pena nos vermos tão pouco por causa da distância". Pergunte os detalhes daquilo que ela contar a você. Convença-a de seu interesse.

Você foi bem-sucedido caso a pessoa continue falando animadamente ao telefone após dez minutos.

Dia 10. Entre numa loja que há tempos não visita. Peça explicações sobre uma mercadoria complicada. Diga expressamente que está apenas se informando e que ainda não quer comprar nada. Por exemplo: "Estou pensando em comprar um *home theater*. Quais são os equipamentos necessários?". Pergunte sobre as vantagens e desvantagens de aparelhos de DVD, blue-ray, mp3 players, entradas USB e assim por diante. O vendedor deve prestar informações por dez minutos, embora no final você não vá gastar nada. Introduza algumas observações pessoais positivas: "Com tantos lançamentos, como você consegue estar a par de todas as novidades?".

Dia 11. Acrescente um elogio em cada conversa que você mantiver hoje — mesmo na conversa ligeira com vendedores, frentistas ou colegas distantes. Exemplos:

- "Você parece ser uma das poucas pessoas que gosta do que faz".
- "Sua oferta de produtos é realmente ótima. Sempre encontro o que preciso".
- "Caminhar um bocado para entregar a correspondência todos os dias... Não é de espantar que você esteja tão em forma".

Vá fazer compras no supermercado na hora do rush e inicie uma conversa na fila do caixa. "Você está comprando lichias. Nunca experimentei. Como você come essa fruta?"

Pergunte a um colega se ele tem dez minutos para você na hora do almoço. Peça conselhos em relação a um problema. "Quando as tarefas se avolumam, fico estressado. Como você consegue manter a calma?"

"Sou responsável por um cliente que está me trazendo as seguintes dificuldades... O que você faria no meu lugar?"

No final, diga que irá pensar sobre o conselho estimulante. Você não é obrigado a segui-lo só porque pediu informações. Saber como os outros agiriam é um motivo legítimo para uma conversa.

Dia 12. Na hora do almoço, vá a um restaurante. Siga as regras do exercício "Nunca mais ser ignorado" do passo 4. Logo ao entrar, vá até o *maître*. Peça a indicação de uma mesa. Em seguida, diga: "Acho que prefiro me sentar no outro canto. Pode me trazer o cardápio". Assim que estiver com o cardápio em mãos, abra-o por um segundo e pergunte: "Qual a sugestão para hoje? Qual é a especialidade da casa?".

Ouça a explicação sobre dois, três pratos e escolha um deles, mas peça uma modificação: "O salmão pode vir com arroz em vez de batatas?". Mantenha esse estilo ativo para ser atendido o tempo todo como um cliente importante.

Dias 13 e 14. Sua festa ou sua reunião informal vai acontecer neste final de semana. Prepare um bufê de pratos frios. Você também pode pedir aos convidados que tragam alguma coisa, uma salada, uma torta ou uma garrafa de vinho. Envolva imediatamente seus convidados num bate-papo. O que aconteceu desde que vocês se viram pela última vez. Onde as pessoas moram e trabalham hoje.

Em seguida, sugira o jogo do passo 5. Todos, inclusive você, anotam anonimamente três pontos fortes e três pontos fracos em letra de fôrma num papel. Depois de trocadas de maneira aleatória, as listas são lidas na ordem e vocês conversam a respeito. É possível que outros convidados também queiram ser avaliados. Não há problema caso alguns tenham se conhecido nessa noite. Peça que anotem as suposições que surgiram a partir da primeira impressão. Na discussão, as pessoas se conhecerão melhor.

Caso seus convidados estejam dispostos a mais diversão, organize um jogo de redes sociais. Cada um anota todas as pessoas com as quais mantém um contato pessoal. Depois de todos terem terminado, pergunte: "Vocês se lembraram de anotar todos os presentes aqui hoje?". Isso é uma deixa para que todos se apresentem mais uma vez, para que seus nomes possam ser anotados. Em seguida, compare as listas. Converse sobre por que alguns chegaram a muitos nomes e outros a poucos; como o círculo de amizades se compõe (família, amigos, colegas, clientes, contatos úteis); o que é a amizade para eles. Você vai aprender muito sobre o que as pessoas esperam da amizade e da simpatia.

Por favor, considere esse programa de duas semanas apenas uma sugestão. Adapte-o a suas necessidades. Tenha como regra conduzir uma conversa simpática por dia, evitando todos os erros que geram antipatia e aplicando ao menos uma regra de simpatia. Logo você vai receber retornos positivos das pessoas ao seu redor. Elas irão tratá-lo com mais atenção e simpatia. Você vai receber ofertas e apoios em áreas que eram inimagináveis antes.

Rapidamente, você poderá constatar por experiência própria: a força que faz com que as pessoas se relacionem não é o dinheiro nem a inteligência excepcional, mas a simpatia.

Bibliografia

André, Christophe: *Imparfaits, libres et heureux. Pratiques de l'estime de soi*. Paris: Odile Jacob, 2006.
Asgodom, Sabine: *Eigenlob stimmt. Erfolg dureh Selbst-PR*. Düsseldorf: ECON, 1996.
Bierhoff, Hans-Werner/Rohmann, Elke: *Was die Liebe stark macht*. Reinbek: Rowohlt, 2005.
Bischoff, Sonja: *Männer und Frauen in Führungspositionen der Wirtschaft in der BRD. Neuer Blick auf alten Streit*. Köln: Bachem, 1999.
Byrne, Donn: *The atraction paradigm*. Nova York: Academic Press, 1971.
Cerwinka, Gabriele/Schranz, Gabriele: *Die Macht des ersren Eindrucks. Souveränitätstips, Fettnäpfe, Small talks, Tabus*. Viena: Ueberreurer, 1998.
Eisenberg, Nancy: "Empathy and Sympathy". In: Lewis, Michael/Haviland-Jones, Jeannette M.: *Handbook of Emotions*. Nova York: Guilford Press, 2002, p. 677-691.
Fey, Gudrun: *Kontakte knüpfen und beruflich nutzen. Erfolgreiches Netzwerken*. Regensburg/Düsseldorf: Fit for Business, 1999.
Goldsmith, Olivia/Collins, Amy Fine: *Stil mit Gefühl. Kleider, die zur Seele passen*. Reinbek: Wunderlich, 1998.
Goleman, Daniel: *Soziale Intelligenz*. Munique: Droemer Knaur, 2006.
Haas, Wolf: *Das Wetter vor 15 Jahren*. Hamburgo: Hoffmann und Campe, 2006.
Hecht, Martin: *Wahre Freunde. Von der hohen Kunst der Freundschaft*. Stuttgart: Deutsche Verlags-Anstalt, 2006.
Hertzer, Karin/Wolfrum, Christine: *Lexikon der lrrtümer über Manner und Frauen. Vorurteile, Missverständnisse und Halbwahrheiten von Aurofahren bis Zuhören*. Frankfurt am Main: Eichborn, 2001.
Kehlmann, Daniel: *Die Vermessung der Welt*. Reinbek: RowohIt, 2005.
Lem, Stanislaw: "Die Tobine". In: Lem, Stanislaw: *Die Ratte im Labyrinth. Ausgewählte Erzählungen*. Frankfurt am Main: Suhrkamp, 1982.
Lewis, David: *Die geheime Sprache des Erfolges. Mimik und Gestik verstehen und bewußt einsetzen*. Munique: Heyne, 1992.
Mehrabian, Albert: *Non-verbal Communication*. Nova York: A1dine, 1972.

Naumann, Frank: *Die Kunst des Smalltalk. Leicht ins Gespräch kommen, löcker Kontakte knüpfen.* Reinbek: Rowohlt, 2001.

Naumann, Frank: *Die Kunst der Diplomatie. 20 Gesetze für sanfte Sieger.* Reinbek: Rowohlt, 2003.

Naumann, Frank: *Kleiner Machiavelli fur Überlebenskünstler. 15 Gewinnerstrategien in Krisenzeiten.* Reinbek: Rowohlt, 2005.

Naumann, Frank: *Schöne Menschen haben mehr vom Leben. Die geheime Macht der Attraktivität.* Frankfurt am Main: S. Fischer, 2006.

Pease, Allan e Barbara: *Die kalte Schulter und der warme Händedruck. Ganz natürliehe Erklärungen für die geheime Sprache unserer Körper.* Berlim: Ullstein, 2004.

Ruch, Floyd L./Zimbardo, Philip G: *Lehrbuch der Psychologie.* Berlim/Heidelberg/Nova York/Tóquio: Springer, 1975.

Rudolph, Ulrike: *Karrierefakror Networking. Gestalten Sie Ihr Karriere-Netzwerk.* Freiburg i. Br.: Rudolph Haufe, 2004.

Schober, Oeco: *Körpersprache. Schlüssel zum Verhalten.* Munique: Heyne, 1992.

Tautz-Wiessner, Gisela: *LebensArt. Erfolgreich und beliebt durch gute Umgangsformen.* Frankfurt am Main/Berlim: Ullstein, 1993.

Tembrock: *Grundriß der Verhaltenswissenschaften.* Jena: Gustav Fischer, 1980.

Tendrjakow, Wladimir: *Begegnung mit Nofretete*, Volk und Welt: Berlim, 1986.

Wlodarek, Eva: *Mich übersieht keiner mehr. Größere Ausstrahlung gewinnen.* Frankfurt am Main: Krüger, 1997.

Wlodarek, Eva: *Go! Mehr Selbstsicherheit gewinnen.* Frankfurt am Main: Krüger, 2002.

Wolf, Doris/Garner, Alan: *Nur Mut zum ersetn Schritt. Wie Sie auf andere zugehen und sich ungezwungen unterhalten können.* Mannheim: PAL, 2004.

Zimbardo, Philip G.: *Nicht so schüchtern!* Landsberg am Lech: Moderne Verlagsgesellschaft, 1986.

Zunin, Leonard e Natalie: *Kontakt finden. Die ersten 4 Minuten sind entscheidend.* Landsberg am Lech: Moderne Verlagsgesellschaft, 1998.